HAUSBERGEN

8 MARS 1262

Retrouvez nos livres sur www.editions-coprur.fr

34, rue du Wacken - 67913 Strasbourg Cedex 9

ISBN : 978-2-84208-216-1
Directeur de collection : Bernard Sadoun
Maquette, composition et photogravure :
Atelier graphique des Editions Coprur
Imprimé par Tešínská Tiskárna en République Tchèque
Dépôt légal : novembre 2011

PIERRE JACOB ET GILLES STUTTER

HAUSBERGEN

8 MARS 1262

Il y a 750 ans, Strasbourg conquérait sa liberté

EDITIONS **COPRUR**

PRÉFACE

La bataille de Hausbergen est un événement historique au sens plein. Qu'est-ce à dire ?

Ce n'est pas un épisode guerrier pittoresque et sanglant, un spectacle sitôt vu et sitôt oublié, comme la chronique et l'actualité nous en offrent à tour de bras. Ce n'est pas davantage un bouquet d'anecdotes, d'héroïsme passager et de vieilles peines.

Non, c'est un moment unique dans le destin d'une ville et de son pays.

Le 8 mars 1262 se caractérise par trois adjectifs ; singulier, décisif, fondateur.

Singulier, il l'est par sa nouveauté : c'est la première fois, en effet, au nord des Alpes, qu'une armée féodale est battue par une milice d'artisans et de bourgeois. Une victoire populaire, donc.

Décisif, parce que la bataille met fin à une guerre entre un seigneur et une ville rebelle, au bénéfice de celle-ci. Les Strasbourgeois s'étaient, en effet, révoltés contre les abus de pouvoir de leur maître, l'évêque Walther de Geroldseck, qui entendait alors soumettre toute l'Alsace à sa domination temporelle.

Fondateur enfin, par ses effets immédiats, l'émancipation de Strasbourg, qui deviendra une ville libre et, mieux encore, une république urbaine, dotée d'institutions démocratiques à partir de 1332, et par l'établissement d'un ordre durable dans toute la région. Le même vent de liberté souffle à Colmar, Kaysersberg, Obernai ou Mulhouse, sous la protection du comte Rodolphe de Habsbourg, devenu l'arbitre de la paix, en attendant d'être élu à la tête de l'Empire en 1273.

La recomposition politique qui se produit à Hausbergen est le socle de tout ce qui suit : jamais, jusqu'à Louis XIV, l'indépendance de la cité ne sera remise en cause — ce qui mérite d'être jugé à l'aune de la plu-

part des communes médiévales retombées sous le joug de leurs princes, de la Flandre à l'Italie. Et mieux, cela lui vaudra l'honneur et la prospérité : la façade de la cathédrale élevée par Erwin von Steinbach et par Ellenhardt le Grand dans le dernier quart du XIIIe siècle est le monument de ce rêve devenu vrai.

La mémoire d'Hausbergen a été effacée par une histoire plus riche et plus forte que partout ailleurs, par cette fusion des deux rives au cœur même de l'Europe. Elle mérite d'être ravivée, et ce livre en fournit la clé. En effet, Pierre Jacob et Gilles Sutter ont réussi l'exploit de faire revivre les acteurs et le décor de cet extraordinaire scénario d'histoire qui se joue ici même. Cela pourrait être la matière d'un film, à mi-chemin de ses contemporains *Alexandre Newsky* et *Braveheart*.

Les séquences de cette épopée en reprennent le refrain : il y aura un siècle d'or, marqué par les conquêtes de l'esprit et de la foi, de Gutenberg à la Réforme ; il y aura les Lumières, Goethe et les siens ; il y aura la Révolution, réellement gagnée à Strasbourg ; la protestation de Bordeaux, argument suprême du droit des peuples à disposer d'eux-mêmes, en 1871 ; il y aura Koufra, à l'horizon d'une cathédrale tricolore ; il y aura, encore, 1949, l'avènement d'une Europe de paix, et d'autres temps bénis...

Par Hausbergen, Strasbourg est devenu l'autre nom de la Liberté.

Georges Bischoff

Georges Bischoff

INTRODUCTION

Dans l'historiographie militaire médiévale, certaines batailles sont généralement considérées comme des signes annonciateurs de la fin de la chevalerie. La première est celle de Courtrai, où l'armée de Philippe le Bel, roi de France, s'inclina le 11 juillet 1302 devant une milice de paysans flamands. Vinrent ensuite la défaite des chevaliers français devant les fantassins anglais le 25 août 1346, à Crécy, puis, le 25 octobre 1415, un nouvel échec à Azincourt.

Or, quarante ans avant Courtrai, une bataille comparable avait eu lieu en Alsace. Elle avait vu la victoire des miliciens strasbourgeois sur une armée féodale, celle de leur propre évêque, Walther de Geroldseck. Cela se passait le 8 mars 1262, devant le village d'Oberhausbergen, à 5 kilomètres au nord-ouest de la capitale alsacienne.

Cet événement n'est plus étudié de nos jours et le grand public n'en a plus guère connaissance…

LE CONTEXTE ET LES ACTEURS

LE SAINT EMPIRE ROMAIN GERMANIQUE ET L'ALSACE

Vers 1260, l'Alsace fait partie du Saint Empire romain germanique, le plus grand Etat d'Europe. A sa tête se trouve l'empereur, qui reçoit sa couronne du pape. Il porte auparavant le titre de roi des Romains (*Römischer König*), après avoir été désigné par les princes électeurs.

En 1250, disparaît Frédéric II, le dernier empereur de la dynastie des Hohenstaufen. Commence alors une période d'anarchie, l'interrègne. Les princes en profitent pour élire plusieurs rois des Romains, mais aucun ne reçoit le titre d'empereur. Un de ces rois fantoches est Richard de Cornouailles, frère d'Henri III d'Angleterre, et qui interviendra dans les événements qui nous occupent. Les luttes pour le pouvoir dureront jusqu'à l'élection de Rodolphe de Habsbourg en 1273 comme roi des Romains.

Au cours de cette période, de nombreux seigneurs, princes, évêques ont entrepris de se tailler des territoires dans l'empire. Les villes elles-mêmes ont commencé à s'émanciper et deviennent des enjeux dans la constitution de ces entités territoriales. L'épisode qui oppose Strasbourg à son évêque en est un exemple parmi d'autres.

Le sceau de Walther de Geroldseck.

WALTHER DE GEROLDSECK, ÉVÊQUE DE STRASBOURG

Pour nous, le rideau se lève le 4 mars 1260, avec la mort de l'évêque de Strasbourg, Henri de Stahleck, en charge depuis 1244. Le conflit qui va éclater sous son successeur Walther de Geroldseck est en partie un héritage du défunt prélat.

Walther de Geroldseck est élu le 27 mars 1260, mais ne sera investi que l'année suivante.

A 29 ans, il est dans la force de l'âge et fait partie d'une famille puissante, les Geroldseck. En Alsace, le public connaît deux ruines de ce nom : le Grand et le Petit-Geroldseck, au-dessus de Haegen. Mais notre évêque se rattache à un château d'outre-Rhin, le Hohengeroldseck, près de Lahr, dans l'Ortenau. Ce dernier est le berceau de la famille.

Au milieu du XIIIe siècle, et dans le contexte de l'interrègne, les Geroldseck ont commencé à se constituer une principauté territoriale, sous la férule de Walther I, le chef de la famille. Patiemment, ce dernier a tissé ses réseaux et placé les siens aux positions stratégiques. Les plus en vue seront ses fils Walther, qui sera évêque de Strasbourg, et Hermann, qui sera bailli provincial d'Alsace.

Walther est à la fois un féodal et un prélat. En tant que dignitaire de l'Eglise, il dispose d'armes spirituelles comme l'interdit, qui prive les fidèles du secours de la religion, mais il a également à son service un réseau de vassaux. Il n'y a là rien d'inhabituel. Les évêques du Saint Empire sont des personnages belliqueux, qui entretiennent des troupes de ministériaux, c'est-à-dire des serviteurs attachés à leur maison, à qui ils ont donné des fiefs, des châteaux, et qui sont ainsi devenus leurs vassaux.

Walther a été élu évêque de Strasbourg grâce à l'aide financière de son père, qui exploite des mines d'argent dans l'Ortenau. Cet argument sonnant et trébuchant n'était pas le seul : de nombreux chanoines faisaient déjà partie de la nébuleuse que les Geroldseck avaient su créer dans la noblesse locale. Walther a également bénéficié de l'appui du pape. A cette étape de sa fulgurante carrière, il n'est même pas encore prêtre.

L'autre fils, Hermann, est devenu bailli provincial (*Landvogt*) "entre Seltz et Brisach".

En fait, les Geroldseck sont en train de constituer à partir du diocèse de Strasbourg une principauté ecclésiastique centrée

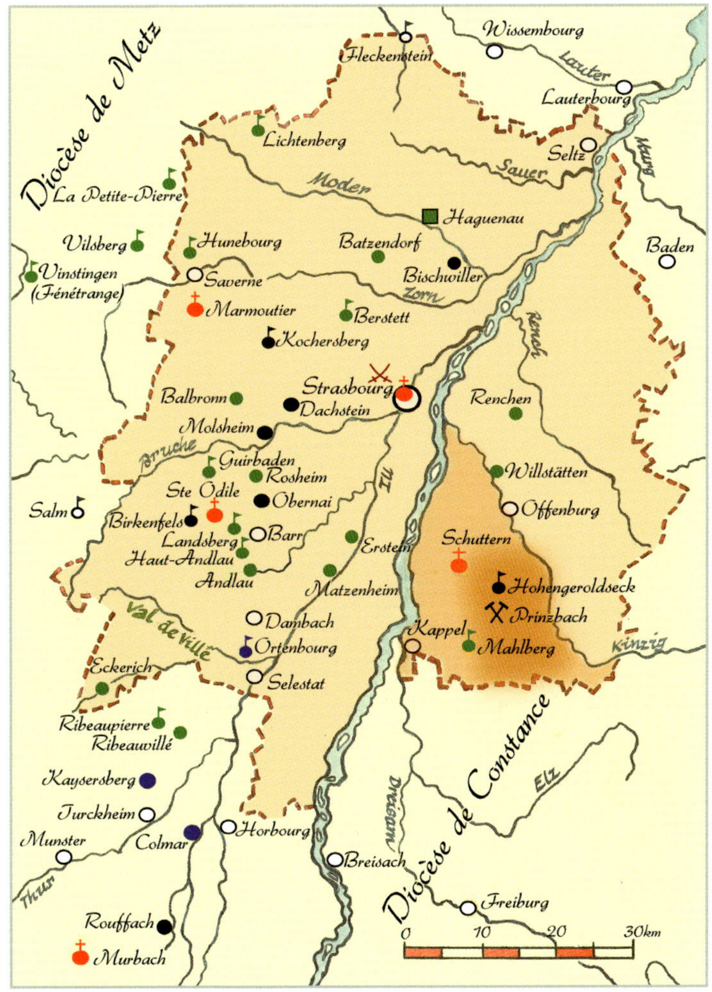

La Basse-Alsace et l'Ortenau en 1262.

- Le cœur du pouvoir des Geroldseck : la seigneurie autour de l'abbaye de Schuttern et du château patrimonial (Rauher Kastel, puis Hohen Geroldseck)
- Territoire contrôlé vers 1250
- Mines d'argent
- Diocèse de Strasbourg
- Cathédrale, abbaye
- Bataille
- Résidence impériale
- Localité, château tenu par un vassal de l'évêque
- Localité, château tenu par un allié de l'évêque
- Ville ralliée à Rodolphe de Habsbourg
- Château construit par Rodolphe de Habsbourg
- Ville restée indépendante

Château de Hohengeroldseck, près de Seebach, dans l'Ortenau. Ce château-résidence a été construit à partir de 1260 et remplace un burg plus primitif, le Rauher Kasten, situé à 1 700 mètres de là.

sur la plus grosse ville du Rhin supérieur, et qui comptera dans la désignation de l'empereur. En fait, Henri de Stahleck, prédécesseur de Walther, a déjà pesé dans l'élection comme roi des Romains de Richard de Cornouailles. Ce prince désargenté ne peut se maintenir au pouvoir qu'en distribuant à ses partisans des terres d'empire. C'est à ce titre que Walther s'est vu confier, entre Seltz et Brisach, une autorité, qu'il a ensuite déléguée à son frère Hermann.

RODOLPHE DE HABSBOURG

Ce deuxième protagoniste, et rival du précédent, est également un féodal issu d'une famille montante. Au moment des événements, il porte le titre de comte. Depuis la mort de son père en 1240, il possède des territoires dans le nord de la Suisse, l'Aargau, le Frickgau, le Zurichgau et, grâce à ses liens avec la famille des Kyburg, il peut prétendre à des territoires dans la Forêt-Noire.

Mais il prend également ses marques en Alsace. Il est par héritage landgrave de Haute-Alsace et avoué (*Vogt*) du chapitre de la cathédrale de Strasbourg. Par ailleurs, son mariage avec Anne-Gertrude de Hohenbourg lui a permis de prendre pied en 1257 dans le val de Villé.

Au même titre que les Geroldseck, les Habsbourg sont donc en train de se constituer une entité politique sur le nord de la Suisse et la vallée du Rhin. Les Geroldseck sont pour eux des rivaux, et tout ce qui pourrait affaiblir leur pouvoir est bon à prendre, par exemple, l'émancipation de villes comme Colmar, Kaysersberg, Mulhouse, voire Strasbourg.

Au milieu du XIIIe siècle, l'assise territoriale des Habsbourg se trouve donc en dehors de l'Alsace et ne possède pas de ville centrale comme Strasbourg. Rodolphe exerce son autorité comme landgrave ou avoué. Il sait utiliser le moindre interstice entre les fiefs et met en place des châteaux qui lui serviront de points d'appui pour des interventions militaires. C'est le cas de l'Ortenbourg, au-dessus de Scherwiller, dont le chantier est justement commencé en 1261.

Le comte Rodolphe, d'après une miniature d'époque, avec son épouse Anne-Gertrude de Hohenbourg. Ce couple devait fonder une des dynasties les plus puissantes d'Europe, les Habsbourg, dont le règne ne s'achèvera qu'en 1918. Pour la petite histoire, Rodolphe était un géant pour l'époque, puisqu'il dépassait les deux mètres. Il eut avec Anne neuf enfants, dont seulement deux moururent en bas âge, ce qui est aussi un record.

LA VILLE DE STRASBOURG

C'est le troisième acteur et un enjeu pour les deux autres. Strasbourg fait partie de ces cités qui, à cette époque, gagnent en puissance et en prospérité. Au début du XIIIe siècle, la ville s'est dotée d'un nouveau rempart. Selon la formule de l'époque, ce qui fait la différence entre un paysan et un bourgeois est

Sceau de la ville de Strasbourg, qui restera en usage jusqu'en 1789. Il montre la Vierge à l'Enfant, les bras étendus. On y lit : "Vierge, demande à ton fils qu'il protège le peuple et la ville. Sceau des bourgeois de Strasbourg."

justement cette muraille : *"Den Bürger von dem Bauer trennt nur eine Mauer"*, le fait de vivre à l'intérieur de ce mur vous rend libre. Strasbourg compte environ 10 000 habitants, un chiffre inégalé sur le Rhin supérieur, ce qui lui permet de lever 3 000 hommes de troupe. Ce sont les artisans en armes qui forment le cœur de sa milice, mais il y a aussi derrière ses murs des nobles qui veulent se soustraire aux liens de la féodalité et une bourgeoisie impatiente de s'émanciper.

Les textes de l'époque appellent les habitants de la ville des *Burgere*, ce que l'on traduit généralement par bourgeois. Mais on distingue des *Herren* ou *Edelburgere*, qui constituent l'élite, et de simples *Burgere* ou *Hantwerker* (artisans). Si les premiers tendent à monopoliser le pouvoir municipal, les autres constituent la masse de la milice urbaine.

Ce monde vit sous l'autorité de son évêque, qui intervient dans plusieurs domaines de la vie municipale. Pourtant, par petites touches, les bourgeois n'ont cessé de gagner des positions.

Sous l'évêque Henri de Vehringen, en 1201, on a ainsi vu apparaître un sceau de la ville, distinct de celui de l'évêque.

En 1220, un nouveau conseil (*Rath*) a été octroyé par le prélat. Ce corps de 12 membres est présidé par un ou deux bourgmestres. Y siègent pour la première fois trois bourgeois, à côté des chanoines, qui ont prêté serment à l'évêque. Ce conseil a des compétences administratives, mais aussi judiciaires, en concurrence avec les tribunaux de l'écoutète (*Schultheiss*) et de l'avoué (*Stadtvogt*). Il se coopte, mais sous le contrôle de l'évêque, qui peut casser l'élection d'un membre et doit donner son accord pour toutes les nouvelles lois.

A sa tête, on trouve un bourgmestre. On en connaît quelques-uns, comme Erbo en 1224, ou Burkhart der Spendere en 1261.

Le conseil est assisté exceptionnellement par des échevins (*Schoeffen*) assermentés, qui agissent en tant qu'experts et témoins et apparaissent dans les documents à côté des conseillers. Ils forment un collège présidé par un maître des échevins (*Schoeffenmeister*).

La ville est administrée, vers 1150, par cinq fonctionnaires tenant leur pouvoir de l'évêque. Le *Stadtvogt*, un grand seigneur, exerce la haute justice, tandis que les autres sont des ministériaux : l'écoutète (*Schultheiss*), chargé de la basse justice, et le burgrave, qui s'occupe des fortifications, de la voirie et de la surveillance des métiers.

L'évêque contrôlait également des éléments clés de la vie économique. Lui seul avait le droit de battre monnaie. C'était lui qui nommait le maître de la monnaie (*Münzmeister*). Ce dernier, un ministérial, contrôlait la frappe et le commerce des métaux précieux et, à ce titre, jugeait les faussaires. Dans son hôtel des monnaies, situé au marché aux poissons (place Gutenberg) ou à l'abattoir, travaillaient les nombreux monnayeurs (*Monetarii*), qui achetaient leur charge à l'évêque. Mais ces postes étaient conférés à vie et leurs titulaires non révocables.

Le receveur (*Zöllner*) percevait des taxes sur les ventes et les péages. C'est à lui que les juifs de la ville payaient tribut, et c'est lui qui contrôlait les terres municipales de Strasbourg (*Allmend*).

Comme on le voit, le rôle politique des *Burgere* restait limité. Ils demeuraient par ailleurs astreints à des services spéciaux, au nom des privilèges accordés par l'empereur Othon II.

La bourgeoisie, bridée dans sa volonté d'émancipation, n'a pas cessé d'écorner les privilèges épiscopaux. L'évêque Henri de Stahleck avait réussi à se maintenir en s'appuyant sur les chanoines, les ministériaux et, passagèrement, les bourgeois siégeant au conseil. Ce qui soudait cette alliance était un ennemi commun : la dynastie des Hohenstaufen. Mais, après la mort du dernier représentant de cette famille, l'opposition entre l'évêque et les citadins reparut. Les choses s'aggravèrent encore avec l'adhésion de la ville à la Ligue du Rhin, qui regroupait des villes et des féodaux le long du fleuve et cherchait à maintenir

LISTE DES OBLIGATIONS VIS-À-VIS DE L'ÉVÊQUE[1]

"Chapitre 40 : Parmi les droits de l'évêque figure celui d'avoir vingt-quatre messagers, qui doivent être recrutés parmi les commerçants.

"Chapitre 41 : Lorsque l'évêque arrive en ville, on doit mettre ses chevaux à l'écurie communale, qui s'étend depuis l'hôpital, le long du rempart jusqu'au verger de l'évêque. S'il amène des chevaux supplémentaires, le *Schultheiss*, ses juges et le maréchal les prennent en charge et les mettent dans les auberges ouvertes…

"Si l'empereur ou le roi des Romains vient en ville, les chevaux sont hébergés partout.

"Chapitre 42 : Les bourgeois doivent chaque année la corvée, pendant cinq jours.

"Chapitre 49 : Lorsque l'évêque se rendra en expédition pour le compte de l'empereur, tout forgeron fournira quatre fers à chevaux, avec ses clous. Le burgrave en donnera à l'évêque, de quoi équiper vingt-quatre chevaux, et gardera le reste pour lui. Si un château est assiégé par l'évêque, ou si un des siens est assiégé, ils fourniront trois cents flèches.

"Chapitre 52 : Les selliers doivent à l'évêque deux selles de bât, lorsqu'il se rend à la cour ; quatre lorsqu'il se rend à la guerre.

"Chapitre 53 : Lorsque l'évêque se rend à la guerre ou à la cour, ceux qui polissent les épées devront fournir des épées et des casques au vicedome, au maréchal, au maître d'hôtel, à l'échanson et autres dignitaires.

"Chapitres 54-55 : Le maître des tonneliers fournira tout le bois qu'on lui demandera. Les tonneliers ayant reçu de lui le bois et du cellier de l'évêque les douves et les ligaments doivent faire tout ce qui sera nécessaire au séjour de l'évêque pour le bain, la cuisine et le travail des échansons. De même, lorsqu'il se rend à sa cour, ils fourniront la même chose, à ses frais. En sus, ils assembleront tous les récipients à vin de toute taille, toujours aux frais de l'évêque.

"Chapitre 59 : Chaque lundi de la semaine, les charpentiers devront se rendre sur les chantiers de l'évêque à ses frais."

1. Twinger de Koenigshoffen, *Die alten Stadtartikel der Stadt Strassburg*, édition de 1698. Cette liste, incomplète, donne un aperçu des services qu'une ville comme Strasbourg pouvait fournir à l'évêque. On comprend quel rôle elle pouvait jouer dans la construction d'une principauté territoriale. De son côté, Rodolphe de Habsbourg ne disposait pas d'un tel centre.

un semblant d'ordre dans cette période d'interrègne. En clair, Strasbourg empruntait sa propre route en matière diplomatique. L'évêque fit des concessions, mais il restait maître de la situation par le contrôle qu'il continuait d'exercer sur le commerce de la ville.

L'émancipation des élites municipales se traduisit notamment par la mainmise sur les communaux, l'instauration de taxes sur le vin, la captation du tribut sur les juifs, le paiement direct de certains impôts à l'empire. Le *casus belli*, qui marqua l'entrée en fonction de Walther, fut le refus des Strasbourgeois de lui prêter secours dans une guerre entre son collègue de Metz et les seigneurs de Lichtenberg, ses alliés. Mais Walther était bien décidé à freiner cette évolution : il avait besoin de l'obéissance des habitants d'une ville dont il voulait faire le centre de sa puissance. Toutes les composantes d'un conflit étaient en place.

LES PREMIERS AFFRONTEMENTS

1260

LA RUPTURE ET LES PREMIÈRES OPÉRATIONS

Le 2 février 1261, Walther de Geroldseck fait son entrée à Strasbourg pour célébrer sa première messe à la cathédrale. Il est accompagné de personnages puissants, qui amènent en ville des centaines de chevaliers : l'abbé Bertold de Saint-Gall, l'abbé Bertold de Murbach, ainsi que de nombreux autres féodaux. La présence de cette armée a un but : rappeler aux bourgeois rebelles qui est leur maître naturel.

Le 25 juin, l'évêque ouvre les hostilités en réclamant le retour des droits que les Strasbourgeois ont, selon lui, usurpés sous son prédécesseur. Il regroupe ses griefs dans un ultimatum rédigé non en latin, mais en allemand, langue du peuple. Il essaie ainsi de dresser le monde des artisans contre celui de l'élite municipale. Il en est pour ses frais : le jour même de l'ultimatum, les Strasbourgeois sortent de la ville, se rendent à la Haldenbourg, un ouvrage fortifié sur la colline de Hausbergen, puis l'arasent et en comblent le fossé. Nous savons par Closener qu'il leur fallut trois jours pour ce travail.

C'est une déclaration de guerre en forme de pied de nez, mais aussi une manière de prendre les devants. Les citadins craignent que l'évêque n'y établisse une garnison. De cet endroit, on a une assez bonne vue en direction de Strasbourg, dont on peut surveiller les communications, si l'on veut bloquer le commerce de la ville.

Il n'est pas question pour l'évêque de se lancer dans une escalade guerrière. Il pense que les moyens de la religion devraient suffire. Il impose donc l'interdit sur la ville et ordonne à tous les clercs d'en sortir. Pour une population profondément croyante, arrêter de chanter la messe ou priver les enfants de baptême et les malades des sacrements est très grave. Les Strasbourgeois répliquent en faisant venir en ville trois prêtres étrangers. Le chantre Henri de Geroldseck-ès-Vosges reste sur place contre la volonté de l'évêque. Au moment de l'élection, ce prélat s'était opposé à Walther comme candidat de l'apaisement. Contrairement à ce qui est généralement admis, il n'a aucun lien de parenté avec l'évêque. En restant en ville, il prend date.

Les partisans de l'évêque, chanoines, chevaliers, ministériaux, quittent Strasbourg en emportant de l'argent en liquide, mais laissent sur place leurs réserves de vin, de froment, de

Le nouvel évêque de Strasbourg vient célébrer sa première messe, accompagné de centaines de chevaliers. Le but est d'impressionner ses sujets rebelles.

Cette scène de la vie d'un camp s'inspire de la *Bible* de Maciejovski, de la deuxième moitié du XIIIe siècle. Des charrettes transportaient l'équipement

viande, dont ils tiennent un inventaire précis pour se faire indemniser à la fin du conflit. Ils ont raison : à peine ont-ils tourné le dos que les Strasbourgeois se saisissent de leurs biens et les partagent, puis détruisent leurs maisons et coupent leurs arbres fruitiers. La résidence des chanoines, le Stift, est pillée. A nouveau, ce sont les ouailles de l'évêque qui ont choisi de faire monter la tension d'un cran.

Désormais, les fronts sont apparemment bien tranchés entre les Strasbourgeois, à l'intérieur de leurs remparts, et l'évêque, qui occupe les campagnes. Geroldseck maintient l'interdit et multiplie les appels à la négociation. Mais rien n'y fait : en ville, les nobles, les bourgeois et les artisans semblent faire bloc contre lui.

1261 : LA TENTATION DE LA FORCE

Selon la chronique de Richer, c'est sur les conseils de son père que Walther passe à une phase plus offensive du conflit. Les Strasbourgeois s'y préparent d'ailleurs en protégeant leur cité d'ouvrages avancés.

Vers le 14 juillet, la première opération militaire sérieuse a lieu. Walther a établi son camp entre le rempart de la ville et la localité de Kœnigshoffen. Voyant que ses troupes ne sont pas assez nombreuses, il demande de l'aide à l'archevêque de Trêves qui amène des cavaliers.

Ces derniers croient qu'ils pourraient pousser les bourgeois à faire une sortie et leur donner une leçon. Mais les citadins leur réservent une mauvaise surprise à leur arrivée dans le village de Kœnigshoffen. Ils ont disposé des poutres dans les rues de la localité, de manière à bloquer leur avance. Puis ils se glissent dans les maisons par les portes et les fenêtres, et tuent les chevaux à coups de piques tandis que les arbalétriers criblent les cavaliers de leurs carreaux. C'est une déroute, dans laquelle l'archevêque de Trèves perd 60 chevaux. Il renonce donc et prend congé de Walther de Geroldseck.

Ce dernier garde pourtant des alliés, comme l'abbé de Saint-Gall, celui de Murbach et Rodolphe de Habsbourg, landgrave de Haute-Alsace. Et l'on attend l'évêque de Spire, qui doit amener d'autres cavaliers.

Les assiégeants font d'abord leur jonction à Holtzheim. De là, ils viennent assiéger le château de Lingolsheim. Sa petite garnison se rend et peut se retirer à Strasbourg avec ses biens, sans dommage. Visiblement, l'évêque compte toujours sur la douceur pour ramener ses ouailles à la raison.

A présent les épiscopaux campent sur les prés entre Eckbolsheim et Kœnigshoffen, le long de la vieille route romaine. Des

tentes ont été dressées, des chariots ont amené de l'équipement. Le dernier arrivant est l'évêque de Spire, avec ses cavaliers. Il est suivi d'un chariot chargé de harnais et d'équipements divers. Le véhicule, qui a pris du retard, se trouve entre Hugspergen (Hausbergen) et Eckbolsheim, quelque part sur le Ritterpfaedel, "sentier des chevaliers". Or, il y a en ville un musicien itinérant, un certain Bitterpfil. Ce dernier parvient à entraîner quelques têtes brûlées et tend une embuscade au chariot, isolé au milieu des champs. Ils s'en emparent et le ramènent à Strasbourg en triomphe. Louis d'Hautemer, qui écrit au XVIIIe siècle, affirme que ledit chariot aurait été repéré du haut de l'église Sainte-Aurélie, ce qui suppose une acuité visuelle hors du commun... C'est en tout cas une nouvelle humiliation pour les assiégeants.

A Eckbolsheim, l'évêque de Spire considère que son honneur doit être lavé. Ses hommes, qui viennent d'arriver, sont encore équipés. Une expédition punitive est donc lancée sans attendre contre la porte Sainte-Aurélie. C'est l'heure du repas et les boulangers chargés de la garde sont rentrés chez eux. Les épiscopaux ne trouvent qu'un petit groupe de défenseurs pour leur tenir tête. Dans cette première escarmouche, il y a des chevaux tués, et seulement trois combattants, tous Strasbourgeois. Les assaillants repartent avec des prisonniers, parmi lesquels des enfants venus dans les jardins environnants par curiosité pour voir l'armée de l'évêque.

Louis d'Hautemer place cet événement le 20 juillet et affirme que les épiscopaux sont parvenus à pénétrer dans le faubourg et ont commencé à le piller. Ils auraient été repoussés par une sortie en masse de la population : hommes, femmes et enfants. Cette version enjolivée est clairement strasbourgeoise, mais ce que l'on sait aujourd'hui grâce à l'archéologie lui donne quelque crédit. En 1262, le quartier Sainte-Aurélie se trouvait extra-muros et formait le faubourg des Charrons (Wagnervorort). On y pénétrait effectivement par une porte dite de Sainte-Aurélie, mais la protection du faubourg était légère, probablement formée par un fossé et une palissade. Les troupes de l'évêque ont donc pu facilement franchir l'obstacle avec de simples échelles, à un moment où la garde s'était relâchée.

Sur ces entrefaites, le 16 juillet, une trêve est négociée pour les récoltes, et chacun rentre chez lui. Selon les *Notices* d'Altorf, le siège aurait duré à peine une semaine.

WALTHER CHOISIT LA GUERRE ÉCONOMIQUE

A l'automne 1261, lorsque les récoltes sont rentrées et les vendanges achevées, l'évêque, sur les conseils de son père, établit un embargo sur le vin, dont le commerce enrichit la ville. Il

Le vin gardera longtemps un rôle central dans le commerce de Strasbourg. Cette scène se place devant la grue de l'Ancienne-Douane après 1356. Les Strasbourgeois utilisaient de petits bateaux à fond plat, adaptés aux affluents du Rhin. Sur le fleuve régnait la *Lauertanne*, plus grande et dotée d'une voile, qui tirait son nom de *Lauer*, "piquette".

suffit pour cela d'établir un contrôle strict des routes menant à Strasbourg. Pour cela, il rassemble son armée, puis la répartit dans trois directions : Molsheim, Geispolsheim et la forteresse de Kochersberg, au-dessus de Neugartheim.

L'évêque peut aussi compter sur tout le réseau de mottes castrales et de petits châteaux (*Bürgelin*) qui quadrillent la plaine. Citons Breuschwickersheim, Ernolsheim, Lampertheim, Berstett ou Lingolsheim, dont Walther s'est emparé sans coup férir et qu'il a renforcé. Désormais, les routes menant à la ville sont verrouillées. Bientôt, plus une goutte du précieux liquide n'arrive à Strasbourg. Il est abondant à l'extérieur au point que, pour 4 deniers, on a un Ohmen de vin, alors qu'en ville c'était le prix d'un Viertel, c'est-à-dire une quantité 26 fois inférieure.

Cette tactique du blocus avait déjà été employée en 1257 par l'archevêque de Cologne, en conflit avec les bourgeois de sa ville. Il avait coupé l'accès à cette dernière en plaçant des troupes à tous les points de passage.

Dans l'esprit de Walther de Geroldseck, quelques mois de ce traitement devraient suffire pour faire plier les Strasbourgeois.

LA RÉPLIQUE DE STRASBOURG
COMMENT BRISER L'EMBARGO ?

Le temps joue cependant en faveur de la ville. Le camp des épiscopaux connaît en effet une série de défections dues à son échec devant les portes de la ville. Ainsi, Rodolphe de Habsbourg, landgrave d'Alsace, qu'un conflit oppose par ailleurs à Geroldseck à propos d'un héritage, décide de changer de camp. Il est suivi par une série de nobles et par l'évêque de Bâle. Il prend donc contact avec Strasbourg et, le 18 septembre 1261, il rencontre publiquement ses nouveaux partenaires. On rassemble le peuple à son de cloche et les deux parties se prêtent serment d'assistance : Rodolphe devient gonfalonier (*Venre*) de la ville. On proclame que quiconque rompra le pacte devra verser 4 000 marcs d'argent et sera reconnu comme traître (*meineide*) et félon (*truwelos*). Les bourgeois avaient ressenti le besoin de se doter d'un chef militaire capable, après des sorties malheureuses sur lesquelles nous n'avons pas de détails. De son côté, Rodolphe renouait avec une tradition familiale, puisque son père Albrecht avait déjà été le capitaine des Strasbourgeois.

Pour sceller cette nouvelle amitié, Rodolphe et la milice de la ville font une première expédition en Alsace, puis de l'autre côté du Rhin, au cœur des possessions des Geroldseck. En représailles, l'évêque s'en prend aux biens des Strasbourgeois situés sur son diocèse. Il les confisque et les distribue à ses partisans. Parmi les victimes de ces mesures de rétorsion, on peut compter des notables tels que les Zorn, les Liebenzeller, les Stubenweg ou les Marx.

Le 20 décembre, Geroldseck propose pourtant aux Strasbourgeois d'ouvrir des négociations et, le lendemain, il leur garantit la libre circulation, mais continue de bloquer l'entrée de la ville. La pression économique se poursuit donc, parallèlement à des offres amicales.

Une fois de plus, la réponse des Strasbourgeois est vigoureuse. Le 21 décembre, jour de la Saint-Thomas, eux et leurs nouveaux alliés font une expédition qui mobilise la masse des miliciens disponibles. Les chroniques nous permettent de nous faire une idée relativement précise de son déroulement.

Selon celle de Closener, l'expédition avait pour but de prendre le château de Breuschwickersheim, qui causait grand tort à la ville. Il s'agissait donc de desserrer la ceinture de garnisons qui étranglait son commerce, tout en pillant les réserves de grain et de vin accumulées par l'embargo. Selon les *Notices* d'Altorf, on visait aussi Ernolsheim et Kolbsheim, qui dépendaient de l'évêque et se trouvent à faible distance de Dachstein, sa base militaire. Ce faisant, on provoquait Geroldseck de près, cette fois-ci sur la rive gauche du Rhin.

La prestation du serment sur le Fronhof en présence du peuple avait quelque chose de symbolique : c'était là que s'exerçait normalement l'autorité de l'évêque. De droite à gauche, Rodolphe de Habsbourg et le comte de Neubourg, un des prêtres restés en ville, des membres du conseil et un chevalier tenant la nouvelle bannière de Strasbourg.

Les Strasbourgeois parviennent donc jusqu'à Ernolsheim et Kolbsheim et y mettent le feu. Puis ils entament la route du retour.

De son côté, Walther de Geroldseck fait sonner le tocsin dans tous ses villages, et ses féaux se mettent en route. L'armée qui se rassemble compte bien plus de cavaliers et de fantassins que du côté strasbourgeois.

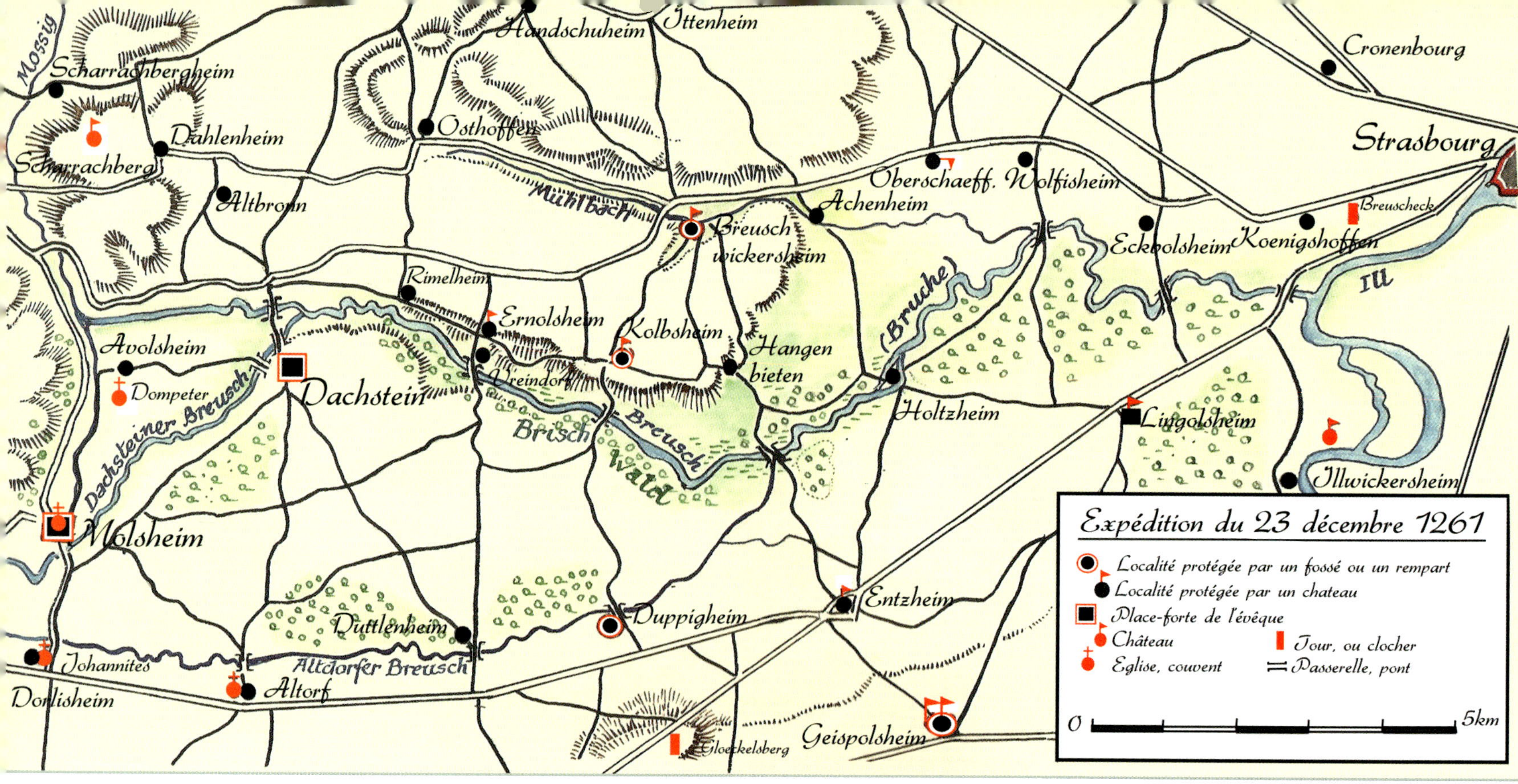

Les sources ne sont claires que sur le chemin du retour jalonné de villages incendiés. A l'aller, les Strasbourgeois ont dû chercher à éviter les lieux habités, d'où on pouvait donner l'alarme. Le point le plus à l'ouest atteint par l'expédition a probablement été Ernolsheim, voire le village aujourd'hui disparu de Rimelheim.

Les troupes de l'évêque atteignent le château de Kolbsheim, dont le village, bien que fortifié, n'est plus que ruines fumantes, puis parviennent sur la colline, alors couverte de vignes, du Knoblesberg, au sud-ouest de Breuschwickersheim. Les voici en vue de l'ennemi. Les deux armées se rapprochent au point que des conversations s'engagent entre soldats. Selon la *Chronique* de Closener, l'évêque voudrait bien engager le combat, et il en serait certainement sorti vainqueur, mais il en est empêché par un cours d'eau (*ein Wasser*) si profond que les chevaux ne peuvent le franchir. Voilà un point étrange...

Aujourd'hui, sur place, on voit un paisible ruisseau, le Muhlbach, dont on peut se demander comment il a pu bloquer les troupes épiscopales. En fait, l'armée de Geroldseck, venant de Kolbsheim, ne se heurtait pas au ruisselet actuellement visible au sud du château, mais à quelque chose de plus vaste. Il peut s'agir d'un petit lac de retenue en amont d'un moulin. Il peut aussi s'agir d'une crue dans cette zone déprimée où converge toute une série de ruisseaux.

Ce point de topographie cache peut-être simplement l'hésitation de l'évêque à attaquer une armée inférieure en nombre, mais qui a à ses côtés un homme de la pointure de Rodolphe de Habsbourg. La *Chronique* de Closener montre en effet l'évêque regrettant de ne pas avoir engagé le combat. Il n'y avait donc pas d'impossibilité absolue à un tel engagement.

Le fait est que les Strasbourgeois rentrent chez eux en incendiant tranquillement au passage quelques localités : Breuschwickersheim, Achenheim, Oberschaeffolsheim et Wolfisheim.

Rencontre fatale dans le cellier…

Scène de pillage d'après une miniature du XIIIe siècle.

Closener rapporte une anecdote sinistre : une dizaine ou une quinzaine d'entre eux sont allés boire dans les celliers du village et refusent de suivre les autres, malgré leurs supplications. Lorsque les troupiers ennemis arrivent enfin, ils les saluent et les invitent à boire. Ce sont les cavaliers qui ont réussi à passer le Muhlbach. Ils remercient les buveurs pour leur invitation, puis leur coupent les mains et les pieds avant de les tuer. Ces pratiques, qui nous semblent aujourd'hui d'une violence abominable, avaient plusieurs buts : outre se débarrasser d'un combattant ennemi, frapper de terreur le reste de la troupe et faire payer aux traînards le pillage et les destructions opérés par le gros de l'armée ennemie.

Les *Notices* d'Altorf parlent d'une centaine de miliciens mutilés ou capturés alors que l'évêque suivait les Strasbourgeois en retraite. Mais cela ne permet pas de parler d'une course-poursuite ou d'une débandade. C'est simplement le signe d'un manque de discipline à l'intérieur d'une armée, qui laisse derrière elle des traînards et qui prend par ailleurs tout son temps pour incendier des villages.

Finalement, les Strasbourgeois sont venus provoquer l'évêque en plein hiver, au cœur du système qui enserrait la ville. Le dispositif n'avait pas été ébranlé, mais Geroldseck avait laissé les bourgeois se retirer en détruisant des localités appartenant à ses vassaux ou à sa famille. Ces destructions étaient probablement ciblées. Ainsi, Achenheim appartenait à Henri, frère de l'évêque, et Walther I, père de l'évêque, avait un fief à Oberschaeffolsheim, .

Il fallait répliquer à cette expédition, ne fût-ce que pour garder une certaine autorité auprès des vassaux. La réponse tomba quelques jours plus tard. Deux colonnes conduites par l'évêque et par son frère Hermann ravagèrent les possessions vosgiennes de Rodolphe de Habsbourg. Une fois de plus, ce furent les paysans, les petites gens, qui payèrent le prix de l'affrontement entre l'évêque et sa ville…

1262 : L'ANNÉE DE LA DÉCISION

L'EXPÉDITION À MUNDOLSHEIM

Le début de l'année 1262 fut marqué par une série d'échecs pour Geroldseck en Haute-Alsace, où Rodolphe de Habsbourg reçut l'appui de villes comme Mulhouse, Colmar et Kaysersberg. Partout, des deux côtés du Rhin, les villages s'embrasaient. Dans les deux camps, la nécessité d'un affrontement décisif commençait à s'imposer. Il y avait à cela plusieurs raisons. Le maintien de l'embargo commençait à peser des deux côtés, sur les marchands, les bateliers, mais aussi sur les bourgades viticoles et les seigneurs qui les avaient en fiefs. Par ailleurs, le peu d'empressement que l'évêque avait montré à Breuschwickersheim pour poursuivre ses adversaires avait dû entamer son autorité auprès de ses vassaux.

C'est près de Strasbourg qu'eut lieu cet affrontement décisif, aux abords de la colline dite de Hausbergen, bien connue des paisibles promeneurs du dimanche.

Voici les faits. Le 8 mars 1262, au début de la matinée, une colonne quitte la ville par le faubourg de Pierre. Cette troupe représente la moitié de la milice. On y trouve toute la cavalerie disponible et tous les tailleurs de pierre, maçons et charpentiers. Elle emporte aussi du matériel de siège (*Kriegszeug*), sans doute sur des chariots. La cavalerie est fournie par la noblesse urbaine, mais on devait y trouver aussi les sires d'Ochsenstein et de Guirbaden. Cette colonne est commandée par Reimbolt Liebenzeller, qui apparaît dans les chroniques avec le titre de capitaine (*Houbetman*).

Son but est l'extrémité nord de la colline de Hausbergen. Là, le clocher de Mundolsheim offre une vue magnifique sur les routes venant de Haguenau, Saverne et Hochfelden. Les Strasbourgeois craignent que l'évêque n'y mette une garnison et ne l'utilise comme observatoire pour resserrer le blocus sur leur ville. Ils entreprennent donc de détruire le clocher qui est "haut, solide et construit en pierre", nous dit la *Chronique* de Closener. Specklin, lui, rajoute la destruction du cimetière. Il y avait donc à Mundolsheim un cimetière fortifié comparable à celui qu'on peut encore voir à Hunawihr.

Curieusement, les *Notices* d'Altorf donnent un autre but à cette expédition : le château (*Castrum*) de Lampertheim. Si un tel château existe à l'époque, il constitue avec Mundolsheim un excellent verrou pour le commerce strasbourgeois venant du nord. On comprend mieux la présence de matériel de siège dans l'expédition.

Mais Walther de Geroldseck, qui est à Dachstein avec son armée, a eu vent de cette entreprise. Comme l'année précédente, il fait sonner le tocsin à Molsheim et, de proche en proche, les clochers des villages répondent. L'évêque peut compter sur 5 000 fantassins et 300 cavaliers. Il part de Dachstein avec la ferme intention d'en découdre, regrettant l'occasion manquée l'année précédente. Il doit savoir que les effectifs strasbourgeois sont réduits, aussi bien pour la cavalerie que pour l'infanterie. C'est ce qui explique qu'il parte en avance avec ses propres chevaliers, dans l'espoir de tailler en pièces ses adversaires en terrain plat pendant leur retraite vers la ville.

Les Strasbourgeois, toujours à Mundolsheim, entendent les clochers qui se répondent dans la plaine. Ils savent ce que cela signifie. Ils envoient donc immédiatement des messagers à Strasbourg. Ceux-ci parcourent la ville et font sonner les cloches en criant que l'évêque avance contre les citoyens qui se trouvent à la tour de Mundolsheim, et qu'il va les attaquer.

Les bourgeois sortent alors en masse, bannières en tête, conduits par Claus Zorn, autre capitaine de la ville. Parmi eux, il y a, un peu dans le désordre, outre les artisans qui forment la milice, les arbalétriers et les archers à la solde de Strasbourg et qui défendent normalement les remparts.

Pendant ce temps, ceux de Mundolsheim remettent leurs cottes de mailles, leurs gambisons, empoignent leurs piques et leurs écus, puis entreprennent l'ascension de la colline de Hausbergen, par ce qui est aujourd'hui le circuit des forts. Il faut une demi-heure à cette colonne pour parvenir à l'emplacement du château de la Haldenbourg, arasé l'année précédente et qui se trouvait au point le plus élevé de la colline. L'intérêt de l'endroit tient au fait qu'on y est visible de loin. Les Strasbourgeois déploient donc leurs bannières pour signaler leur emplacement aux renforts.

On peut aussi se faire une idée de l'itinéraire suivi par ces derniers. Le but était Mundolsheim et non Oberhausbergen. Ils n'ont donc pas emprunté la route de Saverne (départementale 41), mais celle de Brumath, avant d'obliquer vers l'ouest en direction de Mundolsheim. A la vue des bannières, ils ont dû prendre à travers champs vers Niederhausbergen.

Depuis la hauteur, les hommes de Liebenzeller voient à présent que leurs concitoyens viennent à leur secours. Ils sont tellement nombreux, se vante la *Chronique*, qu'ils couvrent les champs. Rassuré, le capitaine reprend sa route vers le sud en direction d'Oberhausbergen, soit une distance de 4 kilomètres. Il se maintient en hauteur, tandis que les hommes de Claus Zorn commencent à longer le pied de la colline.

Puis Liebenzeller et sa troupe quittent le chemin de crête à la hauteur de Mittelhausbergen et, à mi-pente, poursuivent vers

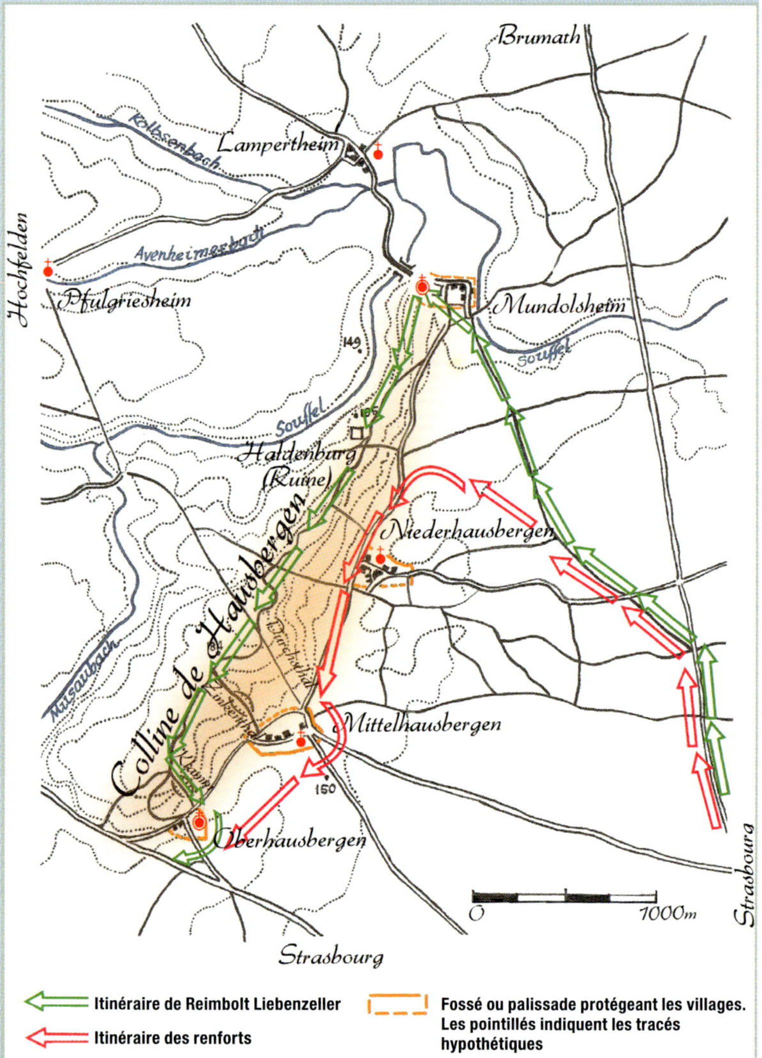

La colline de Hausbergen se trouve à cinq kilomètres au nord-ouest de Strasbourg. Elle s'étire dans le sens nord-est sud-ouest. Le long de son flanc s'égrènent les villages de Mundolsheim, Niederhausbergen, Mittelhausbergen et Oberhausbergen. Littéralement : "Hausbergen d'en bas, du milieu et d'en haut". Au XIIIe siècle, on disait encore "Hugspergen", ce qui signifiait colline d'Hugo. Cette colline portait une motte castrale ou un château du nom de Haldenburg, ce qui signifie "château sur la pente" ou "château refuge".

Oberhausbergen. Le village est entouré d'un fossé (*Dorfgraben*), qui empêche le passage des chevaux. A cela doivent s'ajouter le mur du cimetière qui entoure l'église et l'état du terrain, souvent détrempé. Selon Closener, c'est pour ces raisons que Liebenzeller entreprend de contourner la localité par sa gauche. Depuis un moment, ses hommes sont masqués par la colline et le village mais, une fois qu'ils l'ont dépassé, ils redeviennent visibles, avec leurs chevaux et leurs bannières. De loin, ces dernières semblent se diriger vers Strasbourg. Ce détail aura une importance capitale dans le déroulement de la journée.

LE FACE-À-FACE, ENFIN

Entre-temps, Geroldseck et sa cavalerie n'ont pas chômé. L'évêque a suivi un itinéraire Dachstein-Ernolsheim-Breuschwickersheim-Oberschaeffolsheim, avant de parvenir à la vieille chaussée romaine. Daniel Specklin est très explicite : l'évêque a l'intention de couper la route du retour aux hommes de Liebenzeller. Pour cela, il n'a besoin que de sa cavalerie. Il a donc laissé son infanterie prendre du retard.

Que connaît-il à ce moment précis des intentions de l'adversaire, et que voit-il du terrain ? Ces éléments sont essentiels pour comprendre la suite. Il sait qu'à Mundolsheim il y a de la cavalerie et des artisans, peu nombreux. Or, il avait déjà vécu ce genre de situation. Pour lui, il s'agit, comme pour la Haldenbourg, d'une opération ponctuelle et engageant peu de troupes. Ces dernières, logiquement, devraient chercher à rentrer rapidement à Strasbourg. Qu'est-ce qui, sur le terrain, peut conforter Geroldseck dans cette idée ? Au moment où il atteint la route des Romains, il ne voit rien. Il est impossible que des paysans du lieu soient venus à sa rencontre pour le renseigner sur la marche de Reimbolt Liebenzeller. Ils lui auraient également signalé l'arrivée des renforts strasbourgeois.

En fait, Walther de Geroldseck ne sait rien de précis. Il est obligé de supposer, fort logiquement, que ses adversaires vont

Walther de Geroldseck, entouré de ses proches. On le verra affronter les Strasbourgeois l'épée à la main, dans la tradition peu chrétienne des évêques guerriers du Saint Empire. Il est ici entouré des Beger, mais son frère Hermann devait aussi faire partie de sa garde rapprochée, comme les Werde ou les Hunebourg. Notez l'équipement du chevalier de l'époque : une cotte de mailles couvrant tout le corps, une tunique (*Waffenrock*), un heaume ajouré (*Helmfaz*) de 3,5 kilogrammes. Il se servait d'une épée à une main ou d'une lance. Le bouclier triangulaire portait les armoiries. L'ensemble de l'équipement pesait 30 kilogrammes. Le chevalier avait droit à trois montures. Le cheval était choisi pour sa robustesse : il devait pouvoir supporter le poids du cavalier et le choc d'une charge. Il était couvert d'une *Pferdedecke* portant les armoiries du chevalier. A Hausbergen, Walther arborait sur son heaume une mitre qui permettait de le reconnaître dans la mêlée.

tenter de lui échapper. Le texte de Closener n'utilise d'ailleurs pas le terme *sehen*, voir, mais *wanen*, s'imaginer. Et ce qu'il s'imagine s'impose avec une telle force, à lui et à ses proches, qu'ils se mettent à crier : *"Su fluhent ! Su fluhent !"* Ils fuient, ils fuient !

Il ressort de la *Chronique* de Closener que l'évêque, après s'être avancé avec ses proches le long de la route des Romains, rejoint ses 300 cavaliers sur une hauteur située près d'un verger (*Boumgarten*) appartenant à la famille strasbourgeoise des Stubenweg. La hauteur sur laquelle il retrouve ses vassaux est le Stimmelsberg, c'est-à-dire la ligne de collines qui ferme l'horizon à l'ouest, entre la route des Romains et la route de Cronenbourg.

Parvenu sur cette hauteur, l'évêque voit, et sans doute pour la première fois, ses adversaires : Liebenzeller et ses hommes, qui finissent d'atteindre la route de Strasbourg, en lui tournant apparemment le dos.

Geroldseck ne voyait pas encore les renforts strasbourgeois qui se rapprochaient, masqués par la colline de Hausbergen. Devant lui, il avait des artisans armés et quelques cavaliers. Que pouvaient-ils peser face à des professionnels de la guerre comme les chevaliers, de surcroît en terrain plat ?

Il s'avance donc jusqu'au milieu du Stimmelsberg, d'où il pourra voir arriver son infanterie, puis il descend de la colline avec toute sa cavalerie. Il fait à ses hommes une harangue, dans laquelle il ne manque pas de rappeler, lui l'évêque, que Dieu est de leur côté, et que les adversaires sont toujours frappés d'interdit.

Or, contrairement à son attente, Liebenzeller et ses hommes ne poursuivent pas leur marche vers Strasbourg. Ils font volte-face et se dirigent vers lui, bannières en tête. La troupe que l'on croyait démoralisée accepte donc le combat. Mieux, elle prend position à courte distance de Geroldseck. Un véritable défi.

Au premier rang sont alignés les cavaliers, simples écuyers ou chevaliers. Sur leurs écus, ils arborent les armoiries de leurs familles, les Virnekorn, les Stubenweg, les Zorn, les Eckwersheim, mais aussi les Guirbaden et les Ochsenstein. Au-dessus d'eux flotte la nouvelle bannière de la ville, blanche et rouge.

Derrière eux se tiennent les rangs encore clairsemés des artisans. Ils sont armés de piques, mais aussi, pour la première fois, de haches danoises, une arme redoutable qui pénètre n'importe quel écu, casque ou cotte de mailles. Au-dessus de leurs rangs se dressent les bannières des corps de métiers.

Une seconde surprise attend Geroldseck, avec l'apparition, très peu de temps après, des renforts commandés par Claus Zorn, surgissant de derrière la colline.

Les chroniques mettent en scène la rencontre des deux capitaines strasbourgeois. Claus Zorn est accueilli avec joie par ses concitoyens, et Reimbolt Liebenzeller lui lance : "Messire Zorn, mon très cher ! Soyez le bienvenu, par Dieu. Je n'ai jamais eu autant de joie à vous voir qu'aujourd'hui." Ce n'est pas une surprise, puisque les deux corps ont jusque-là avancé parallèlement, mais un soulagement : ils sont à présent au complet.

Les bourgeois sont déployés au sud-ouest d'Oberhausbergen, leur aile droite contre la route. Le champ de bataille, un carré d'environ un kilomètre de côté, s'étend entre la colline du Stimmelsberg et le Wolfisheimer Weg, la départementale 63 menant d'Oberhausbergen à Wolfisheim.

Les Strasbourgeois et les cavaliers de l'évêque ne sont plus séparés que par la longueur d'un champ. Les chroniques utilisent le terme *Ackerlaenge*, ce qui correspond à la longueur d'un lopin d'une taille telle qu'il faut une matinée pour le labourer, soit 60 à 100 mètres. Les 3 000 combattants de Strasbourg, avec leur cavalerie au premier rang, font face à celle de l'évêque, alignée à courte distance du Stimmelsberg, probablement en trois rangées de 100.

A présent que tous les Strasbourgeois sont là, il faut leur donner du cœur au ventre. Reimbolt Liebenzeller se tourne

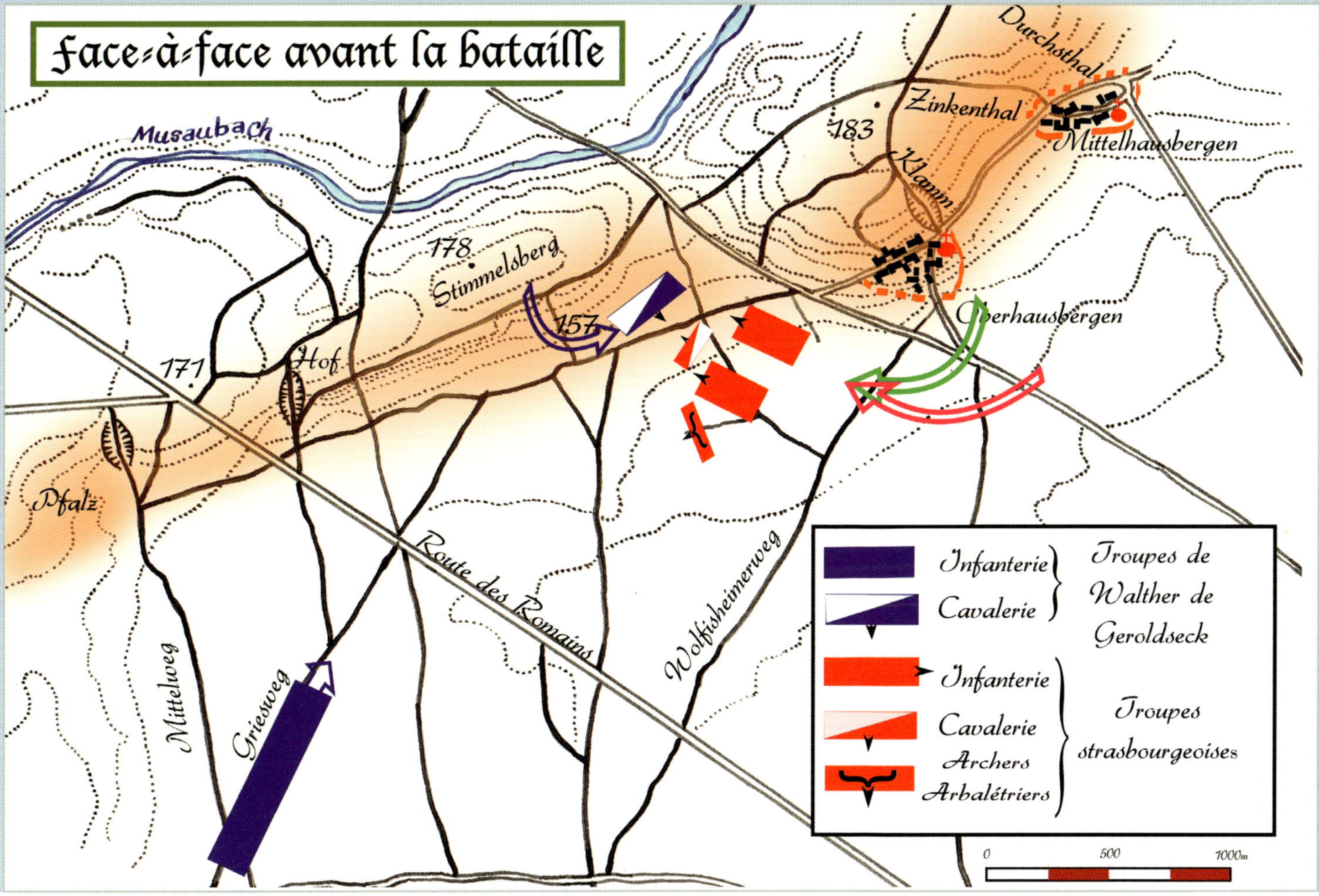

d'abord vers les cavaliers et leur lance : "Chers amis, chers frères ! C'est aujourd'hui que vos épouses et vos enfants peuvent devenir libres, si vous vous battez comme des chevaliers pour votre patrie et ses libertés. Car Dieu nous assistera dans cette juste cause. Pour cette raison, tournez-vous vers lui. Si vous ne vous battez pas comme des chevaliers, vous et vos descendants resterez à jamais dans la servitude. Cela, vous pouvez l'empêcher de votre main, avec l'aide de Dieu. Je suis prêt à me tenir à votre tête, et à offrir mon sang et ma vie pour nos descendants."

Il sait quel langage leur tenir. Il les connaît, il les fréquente depuis des années dans les *Trinkstuben* et le conseil. Beaucoup d'entre eux sont des ministériaux, techniquement des non-libres. A présent, ils peuvent, à la force de l'épée, conquérir leur liberté, devenir de vrais chevaliers. Liebenzeller chargera à leur tête.

La harangue qu'il adresse ensuite aux miliciens est plus courte : "Aujourd'hui encore, gardez courage, battez-vous sans broncher pour l'honneur de notre commune, pour notre liberté, celle de nos enfants et de tous nos descendants !" Nous

Les miliciens strasbourgeois portaient le gambison (*Wams*), une cotte bourrée de crin, un collerin (*Krage*), sur la tête, une simple cervelière (*Hube*) ou un chapel de fer (*Isenhuet*). Les armes étaient la pique (*Spies*), l'épée (*Swert*) ou la hache de combat (*Martax*). Ils avançaient protégés par le bouclier triangulaire frappé des symboles de métiers, qui apparaissent aussi sur les bannières. Cet équipement pesait environ 15 kilogrammes, soit la moitié du poids de celui d'un chevalier.

Les archers et les arbalétriers. Leurs traits pouvaient percer des cottes de mailles et des gambisons. La cadence de tir d'un archer pouvait se situer à sept-huit flèches par minute. En rase campagne, ils devaient se protéger à l'aide d'un bouclier rectangulaire qu'ils dressaient devant eux. Les archers de Hausbergen étaient probablement des bourgeois de Strasbourg, mais les arbalétriers étaient des mercenaires.

ne résistons pas au plaisir de citer la formule en langue du XIIIe siècle : *"Sint noch hüte starckes gemütes, un fehtent unerschrockenliche, umbe unsere stette ere, un umbe ewige friheit unser selbes un unserre kinde unde aller unserre nochkummen !"*

Les hommes ont également dû recevoir la bénédiction d'un des trois prêtres restés à leurs côtés. Il était important de se savoir assisté par Dieu, lorsqu'un évêque vous a frappé d'interdit...

On désigne ensuite deux capitaines pour guider l'infanterie, une fois que Liebenzeller sera en train de se battre au milieu des autres cavaliers. Les chroniques ont conservé leurs noms : Hugo dit Kuchenmeister, et Heinrich von Achen, deux honorables bourgeois. Zorn et Liebenzeller demandent aux artisans de prêter serment à leurs nouveaux chefs. Sans hésiter, trois mille mains se lèvent, et l'on entend : *"Ich gelobe ! Ich gelobe !"* Je le jure ! Une redoutable et sombre rumeur s'élève, puis retombe, comme le choc d'une vague sur une plage. Puis les deux nouveaux capitaines s'emploient à organiser leurs hommes. Daniel Specklin, trois siècles plus tard, est le seul à nous fournir une description de l'ordre de bataille. On divise les fantassins en deux groupes (*Haufen*), derrière la cavalerie strasbourgeoise. Ils doivent intervenir une fois que cette dernière est engagée.

Pendant ce temps, dans les rangs épiscopaux, le malaise gagne. Certains des vassaux de l'évêque, parmi les plus expé-

Marx d'Eckwersheim n'est pas un chevalier. C'est un *Edelknecht*, un écuyer, noble mais pas encore adoubé. Il doit donc avoir la vingtaine. Il ne peut pas encore porter l'épée à la ceinture, qui pend à la selle. Sur son écu figurent les étranges armoiries que portait déjà son père Hetzel, premier de la dynastie des Marx.

rimentés, le mettent en garde : on ne peut plus vaincre contre une telle masse. Geroldseck leur réplique que, s'ils sont en train de prendre peur, qu'ils rentrent chez eux. Par sens de l'honneur, ils restent, et se jetteront dans la bataille, tout en sachant que la mort les attend. Geroldseck était-il si aveuglé par sa morgue nobiliaire ? Non, il attendait simplement son infanterie, et elle se montait à 5 000 hommes, de quoi renverser la situation.

C'était sous-estimer les capitaines adverses. Les nouveaux chefs ordonnent aux arbalétriers et aux archers de ne pas participer au combat, mais d'empêcher par leur tir l'infanterie de l'évêque d'arriver sur le champ de bataille. Les arbalétriers sont très efficaces dans la défense d'une ville : ils ont tout le temps de bander leurs armes à l'abri des merlons d'un rempart. Leur contribution sur un champ de bataille est bien plus faible. Les archers, par contre, ont une cadence redoutable. Ils peuvent opérer un véritable massacre dans une troupe en faisant tomber sur elle une pluie de flèches. A Oberhausbergen, nous dit Closener, les 150 archers tiraient, pendant que les 150 arbalétriers bandaient leurs armes.

Sous le commandement de Hugo Kuchenmeister
et Heinrich von Achen, les fantassins strasbourgeois
s'apprêtent à prendre en tenaille les chevaliers.

On s'est beaucoup interrogé sur leur emplacement. Si l'itinéraire que nous proposons est correct, et si l'évêque a demandé à son infanterie de le suivre par le même chemin, la position la plus logique est du côté ouest, d'où devait surgir la piétaille ennemie.

De la capacité des archers à retenir les fantassins ennemis dépendait la conservation de l'avantage numérique des Strasbourgeois. Mais peut-on estimer le retard de cette infanterie ? Pour se retrouver en face des collines d'Oberhausbergen, l'évêque était venu de Dachstein par Oberschaeffolsheim, soit une distance de 12,5 kilomètres. A cheval, cela représente un trajet d'une heure ou d'une heure et demie. Pour une infanterie se déplaçant à 5 kilomètres heure, c'est le double, soit théoriquement une heure de retard, à supposer, évidemment, que les cavaliers et les piétons soient partis au même moment. Or, c'est ce qui ressort de Richer : l'évêque se trouvait à Dachstein avec toute son armée, déjà concentrée de toutes parts dans le but de protéger sa résidence. Le retard des hommes de pied se réduit alors à peu de chose, et explique la décision de l'évêque de ne pas se retirer.

A présent, sur les champs d'Oberhausbergen, les deux côtés se préparent. La *Chronique* dit : *"Die helme ufgesturzet un die swert uzgezogen"* Les heaumes rabattus, les épées dégainées. Qui va donner le signal ? Certainement pas l'évêque, qui a évidemment compris le déséquilibre des forces. Il sait aussi que, s'il ordonne le retour sur les collines, il donne lui-même des signes de panique, ce qui pourrait déclencher une ruée de l'infanterie adverse. Il ne lui reste plus qu'à attendre et faire bon visage. Or, c'est à ce moment qu'il voit son infanterie. L'espoir renaît.

Mais voilà que, du côté des bourgeois, un certain Marx d'Eckwersheim, un noble, sort des rangs à cheval et s'avance vers l'ennemi. Ce n'est pas un chevalier, mais un simple écuyer. Il défie les chevaliers adverses.

Cette provocation en duel ne peut rester sans réponse. Un certain Beckelar sort donc des rangs des épiscopaux. La bataille devrait donc commencer par un duel classique entre deux nobles. Rien d'inquiétant pour Geroldseck : c'est autant de temps gagné pour son infanterie.

Les deux protagonistes prennent position entre les lignes adverses. Chacun retient son souffle. Puis on entend le martèlement régulier des sabots et le halètement des destriers. Les deux hommes sont penchés sur l'encolure de leur cheval, la lance bien calée au creux de l'épaule, à la mode souabe. Cela semble prendre une éternité. Puis c'est le choc.

Les lances éclatent, les chevaux roulent dans la glèbe, frappés à mort. Mais les chevaliers strasbourgeois se précipitent au secours de leur champion, le remettent sur pied et l'aident à enfourcher un autre cheval. Beckelar lui aussi reçoit de l'aide de ses amis, mais il succombe dans le duel. Il s'ensuit une ruée des cavaliers venus des deux côtés, ce qui entraîne un déclenchement prématuré des hostilités. C'est ce qui pouvait arriver de pire à l'évêque.

Dans un premier temps, l'affrontement prend la forme d'une mêlée entre chevaliers. On ignore combien d'hommes se battent du côté strasbourgeois, mais ils sont certainement inférieurs en nombre. Au bout d'un moment, la masse des fantassins de Strasbourg s'ébranle, au cri de *"Stroszeburg ! Stroszeburg !"* A la tête des deux colonnes, on reconnaît Hugo Kuchenmeister et Heinrich von Achen. Les miliciens commencent à entourer les cavaliers, comme les branches d'une tenaille, et se mettent à tuer les chevaux, amis comme ennemis. C'est Liebenzeller qui leur a donné cet ordre étrange, qui ne sera d'ailleurs qu'imparfaitement exécuté. Specklin nous en fournit les raisons.

La première est technique. Dans la mêlée, les miliciens ne parviennent pas à distinguer les combattants des deux camps. Il n'y a pas d'uniforme dans une armée médiévale et ils ne doivent pas savoir déchiffrer les armoiries.

Scène du duel, d'après E. Schweitzer.

La seconde est qu'en tuant les chevaux, on compte réduire les chevaliers épiscopaux au rang de simples fantassins, encombrés par 30 kilogrammes d'équipement.

Liebenzeller, en confiant cette instruction aux capitaines de l'infanterie, s'est permis un trait d'humour : les cavaliers strasbourgeois auront moins de chemin à faire à pied pour rentrer que leurs adversaires.

Les nobles des deux bords voient donc arriver sur eux une marée de 3 000 fantassins qui se ruent, piques en avant, hache brandie. Au pied des collines, les champs moutonnent soudain de gambisons et de boucliers frappés des symboles des métiers. Les chevaliers et leurs montures s'effondrent au milieu de cette vague, tandis que partout retentissent le hennissement des destriers frappés à mort, les hurlements des blessés et le cri de guerre des fantassins. Pas à pas, les bannières aux couleurs de la ville prennent possession du champ de bataille.

L'évêque lui-même se bat avec courage, entouré de ses proches (*"die sinnen, das gesinde"*). Il devait y avoir autour de lui ses vassaux les plus fidèles, parmi lesquels, outre son frère Hermann, des Alsaciens comme les Beger ou des chevaliers d'outre-Rhin comme Conrad de Schuttern. Les Strasbourgeois attaquent cette garde rapprochée et lui font mordre la poussière. Geroldseck a un cheval tué sous lui, il tombe à terre, mais continue à combattre à pied. Ses hommes le remettent alors en selle et le dégagent de la mêlée. Mais il se rend compte que la moitié de sa cavalerie est à terre et qu'il ne lui reste plus que la fuite. Sur son troisième cheval, il remonte alors au galop sur la colline en compagnie du chevalier Burchart Murnhart et de son écuyer, Wolfhelm Meyenris d'Achenheim. Lorsque les bourgeois voient l'évêque piquer des deux et s'enfuir, ils le huent, *"Halt ! halt ! herr bischof, halt !"* Des fantassins et des cavaliers tentent de le rattraper, mais son cheval est frais, et ils doivent abandonner la poursuite.

Derrière eux, sur les champs d'Oberhausbergen, les vainqueurs sont déjà occupés à dépouiller les morts.

L'ARRIVÉE DE L'INFANTERIE DE GEROLDSECK

Les chroniques médiévales conservées interrompent le récit à ce stade. Elles sont quasiment muettes sur un point crucial : l'infanterie de l'évêque a-t-elle pu rejoindre le champ de bataille ?

Specklin est le seul à mentionner des pertes dans l'infanterie épiscopale et à rappeler qu'on ne comptait pas les morts parmi les simples troupiers. *"Das gemeine volk ward nicht gezählt."* Il y aurait eu 1 300 tués. Ce nombre, venu d'une source perdue, montre qu'il y a bien eu rencontre. Mais dans quelles circonstances ?

Plusieurs chroniques nous disent qu'au moment où la bataille va se déclencher, Geroldseck voit arriver son infanterie. Or, elle vient d'Oberschaeffolsheim, et ne devient visible qu'après avoir atteint la route des Romains. Entre cette dernière et l'endroit où se déroule la bataille, il y a environ 2 kilomètres, une distance qu'on parcourt normalement en une demi-heure, ou qu'on ne parcourt pas si l'on se fait cribler de flèches.

Bloqués par les archers et les arbalétriers de Strasbourg, les fantassins subissent une nouvelle épreuve : la moitié des chevaliers parvient à échapper à l'étreinte des miliciens. Cette cavalerie, prise de panique, se jette sur la route par laquelle arrivait l'infanterie. Elle bouscule cette dernière et l'entraîne dans sa débâcle. Or, une infanterie en déroute devient une proie facile. C'est ainsi que l'on peut comprendre les 1 300 morts donnés par Specklin.

La nuit est tombée. Les proches des épiscopaux viennent ramasser les morts, qu'on a complètement dépouillés. Les simples troupiers seront jetés dans une fosse commune. Les nobles seront ensevelis à Dorlisheim.

Ce qu'il restait de cette armée se dispersa. Chacun rentra dans son village, dans son château, soigna ses plaies, et attendit la suite de ce terrible choc.

MALHEUR AUX VAINCUS

Si les chroniques médiévales passent sous silence les 1 300 piétons tués, elles ont par contre un souvenir relativement précis des pertes des chevaliers : 60 morts et 76 prisonniers, soit près de la moitié des effectifs.

Après le combat, les cadavres furent dépouillés et abandonnés sur le champ de bataille. Les paysans des environs vinrent aussi grappiller tout ce qu'ils pouvaient. Pendant la nuit, les amis des morts vinrent les ramasser pour les enterrer.

Les récits de Richer et de Specklin réservent un passage à la fin tragique d'Hermann, frère de l'évêque. Au moment de la

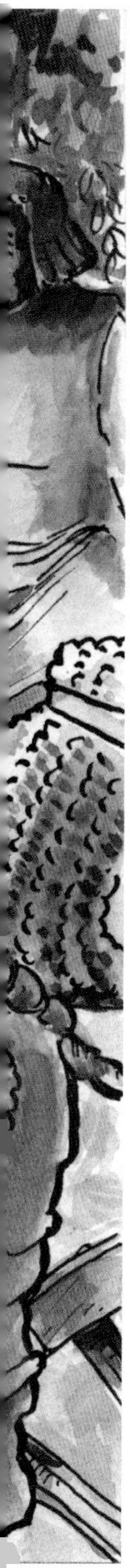

grande fuite, il tombe avec son cheval. Lorsque les vainqueurs parcourent le champ de bataille pour piller ce qu'ils peuvent, l'un d'eux découvre un chevalier gisant là, le visage en sang, avec des armes magnifiques, gages d'une éventuelle rançon. Il l'interroge sur son identité, et l'autre lui répond : "Je suis le frère de l'évêque de Strasbourg, et l'avoué de toute l'Alsace. Si tu me laisses vivre et m'amènes en un lieu sûr, je te récompenserai richement." L'autre s'exclame : "Je préférerais mourir ici que te laisser partir en vie." Et il l'achève.

Il entreprend alors de le dépouiller de sa cotte de mailles, qui couvre tout son corps. Il découvre qu'aux poignets et aux chevilles il est ligoté par des chaînettes. Craignant pour lui-même s'il s'attardait sur le champ de bataille, il lui coupe les mains et les pieds, qui restent dans la cotte de mailles. Il laisse ensuite le corps mutilé sur place et emporte le reste en ville.

Des chroniques affirment que les épiscopaux avaient jeté le corps méconnaissable d'Hermann dans une fosse commune (*ein Loch*), en même temps que d'autres cadavres nus, croyant que c'était un Strasbourgeois. Ceci implique que les pillards avaient également dépouillé les corps de leurs propres compatriotes. Les épiscopaux auraient alors emporté tous ces cadavres à Dorlisheim pour en faire le tri du mieux qu'ils pourraient. Les nobles avaient eu droit à une véritable sépulture, les *"armen Lute"*, à une fosse commune. On avait dû mettre à part les corps des combattants ennemis, frappés d'interdit.

Patriotisme oblige, du côté de Strasbourg, Closener ne signale qu'un tué, un certain Bilgerin, un boucher, que les vaincus emmenèrent à Geispolsheim dans leur fuite et tuèrent lorsqu'ils connurent leurs propres pertes. On a cependant du mal à croire que les épiscopaux ne firent pas de dégâts dans les rangs adverses.

Les Strasbourgeois emmenèrent leurs prisonniers et les montrèrent à la population en liesse, attachés avec les cordes qu'ils destinaient à leurs futurs prisonniers. Selon Specklin, ils avaient l'intention de pendre la piétaille et d'emmener les notables en captivité. Derrière la colonne des 76 prisonniers avançaient quelques chariots chargés de butin : cottes de mailles, épées, selles, heaumes, gambisons, bannières.

Après une tentative avortée de négociations, les captifs sont mis aux fers dans le dortoir du cloître de la cathédrale. On bouche les fenêtres et les portes, sauf les entrées nécessaires au ravitaillement. Voilà ces hommes devenus un enjeu dans les négociations à venir. Certains seront libérés, au mieux, dès l'été 1262, d'autres à la fin des hostilités, en 1266.

Derrière la colonne des 76 prisonniers avançaient les chariots chargés de butin : cottes de mailles, épées, selles, heaumes, bannières…

LE RESSAC

COMMENT SORTIR DU CONFLIT

Dès le lendemain du combat, les Strasbourgeois essaient de transformer l'essai en cassant militairement et économiquement la partie adverse. A l'aube, ils font donc une sortie à Lingolsheim, où ils trouvent le château vide. Ils l'incendient, puis vont détruire par le feu Nordhouse, qui était un autre point fort du dispositif des Geroldseck. Ils font ainsi le tour du diocèse sans rencontrer la moindre résistance.

Dans les semaines qui suivent, de nombreuses localités reprennent contact avec Strasbourg et rétablissent leurs relations commerciales. D'autres restent fidèles à l'évêque, ce qui leur attirera les représailles de la ville. Obernai, qui n'avait pas encore sa muraille, est rasé. Le même sort est réservé à Igmarsheim, Bischhofsheim, Dorlisheim, Dachstein, Arnoltzheim, Buttenheim, Soultz et Holtzheim. Dans la liste figurent aussi Kolbsheim et Ernolsheim, déjà dévastés l'année précédente, mais cette fois-ci ce sont probablement leurs châteaux qui sont détruits. Molsheim, un haut lieu de la puissance épiscopale, parvient à acheter sa survie : la bourgade ne sera pas brûlée. Après avoir ainsi dévasté le diocèse, les Strasbourgeois passent le Rhin, prennent et pillent Willstaetten, puis rentrent chez eux triomphalement. Ils n'ont pas poussé jusqu'au Hohengeroldseck, centre de la puissance ennemie. Il aurait fallu se livrer à un siège long et hasardeux. Ils se sont donc contentés d'attaquer l'assise économique de l'évêque.

Face à cette offensive, Walther de Geroldseck envoie à Strasbourg des clercs pour parlementer. Comme signe de sa bonne volonté, il suspend l'interdit qui arrêtait toute activité cultuelle dans la ville. En échange, il demande que les prisonniers soient bien traités, particulièrement son frère Hermann, dont il ne sait pas encore qu'il a péri. Le conseil de la ville aurait volontiers monnayé la liberté d'Hermann au cours des négociations à venir, mais il n'était pas parmi les prisonniers. On pense alors que quelque partisan de l'évêque le cache. On offre 100 marcs d'argent, on menace de bannissement, en vain. Les épiscopaux finissent par le retrouver dans la fosse commune de Dorlisheim et l'enterrent devant l'autel de l'église des Johannites.

Le 17 mars, l'évêque Walther, l'abbé de Murbach Berthold, le chantre Henri de Geroldseck, les comtes Henri et Louis de

Conrad de Schutteren avait soigneusement préparé son évasion.

Lichtenberg, les comtes Rodolphe et Gottfried de Habsbourg, le comte Conrad de Fribourg et les bourgeois de Strasbourg concluent une trêve jusqu'au 23 avril. Pendant cette période, l'interdit est considéré comme levé. Cette trêve inclut aussi les sires de Ribeaupierre, le château de la vallée de Munster et ses habitants. Le 16 avril, le bourgmestre Burkart der Spendere et le conseil de Strasbourg promettent d'indemniser l'évêque et ses alliés pour les dommages éventuels subis pendant cette trêve. Des nobles comme Rodolphe de Habsbourg, Otton d'Ochsenstein et Burkart de Hohenstein se portent garants. Le 18 avril, la trêve est prolongée jusqu'au 7 mai.

Le 9 juillet, à Saint-Arbogast, à Strasbourg, un protocole de paix est signé entre Walther de Geroldseck, ses alliés et les Strasbourgeois. Il comporte des clauses politiques. Les Colmariens et les Mulhousiens sont désormais libres des prétentions spirituelles et temporelles de l'évêque. Ce dernier laisse aux Strasbourgeois tous leurs droits et coutumes (*"reht unde die wonheit"*) qu'ils avaient du temps de l'évêque Bertold et qu'ils avaient obtenus des rois et empereurs germaniques. Ces droits seront constatés par une commission de douze personnes envoyées par le conseil.

Mais les vendanges approchent et les deux parties ont intérêt à ce qu'elles se passent bien. Walther de Geroldseck et les Strasbourgeois prolongent la trêve jusqu'au 1er novembre afin de ne pas les perturber.

Le 21 novembre 1262, Richard de Cornouailles, roi des Romains, déclare qu'il prend sous sa protection personnelle et celle de l'empire la ville et les habitants de Strasbourg. Il confirme le protocole de paix du 9 juillet et le livre des droits et coutumes des bourgeois.

Le *Schultheiss* de Haguenau, à qui il a confié les domaines impériaux, doit jurer de protéger les bourgeois de Strasbourg contre quiconque. En même temps, il cherche à réconcilier l'évêque et les Strasbourgeois. Il convoque donc tout le monde à Haguenau à une réunion, où les bourgeois se présentent avec 60 chevaux caparaçonnés.

L'évêque croit-il encore détenir un atout ? Au cours de la réunion, il se lance dans un discours irréfléchi où il se vante que les prisonniers lui seront bientôt rendus. Méfiance des Strasbourgeois, qui rendent visite aux captifs, et constatent que leurs menottes et leurs chaînes ont été limées. Ils fouillent tous les lits et trouvent des limes. Lorsqu'ils arrivent à celui de Conrad de Schuttern, celui-ci se lamente : si on le bouge ne fût-ce que d'un doigt, il mourra. Ils n'en tiennent pas compte, déplacent le grabat et découvrent un trou avec une échelle de corde par laquelle les captifs descendaient chaque nuit dans le cellier situé sous le dortoir. Le cellier lui-même présente un trou donnant accès au jardin du cloître. Si l'évêque n'avait pas parlé, la nuit suivante, tous les prisonniers se seraient échappés. Conrad de Schuttern avait déjà fait préparer des bateaux pour emprunter l'Ill, ce qui signifie que la cause de l'évêque conservait des défenseurs chez les bateliers de Strasbourg.

La surveillance fut renforcée et les prisonniers déplacés dans une tour. Ils y demeurèrent jusqu'à leur libération, à la fin du conflit. En fait, les nobles qui restaient dans la geôle improvisée du Bruderhof constituaient le dernier carré des partisans de l'évêque. Un grand nombre de prisonniers avaient déjà été libérés au cours de l'été 1262 et n'avaient passé en prison que 4 ou 5 mois avant de se réconcilier avec Strasbourg. Ils avaient ensuite regagné leurs terres avec la caution d'autres nobles.

Parallèlement, dans les campagnes, certaines localités refusaient toujours de rétablir leurs relations avec Strasbourg, laquelle répliquait par des expéditions punitives. Ainsi, juste avant Noël, par une nuit particulièrement glaciale, les bourgeois allèrent incendier Bischwiller et revinrent chez eux au petit matin. A cette expédition participèrent nombre de prisonniers libérés, notamment Eberhard d'Andlau. Ces hommes n'éprouvaient aucun scrupule à dévaster les villages d'anciens compagnons d'armes.

En fait, ce qui mit fin à cette guerre, ce fut la mort de Walther de Geroldseck, le 12 février 1263. Les chroniques veulent qu'il ait succombé à son chagrin, abandonné qu'il était de tous ses vassaux. Il fut enterré à côté de son frère Hermann, chez les Johannites de Dorlisheim. Il avait 32 ans.

LES LEÇONS DE HAUSBERGEN

Le moment est venu de prendre du recul par rapport à cet événement, lorsque la poussière est retombée, et que tous les tenants et aboutissants apparaissent en pleine lumière. Pour l'historien, le moment idéal pour tirer des conclusions n'est pas lorsque l'évêque quitte précipitamment le champ de bataille, le 8 mars 1262, mais celui où il quitte la scène de la vie le 12 février 1263.

Nous avons dit plus haut que Hausbergen fut la première défaite infligée par une milice urbaine à une armée féodale au nord des Alpes. C'est donc un événement de portée européenne, avant Crécy ou Azincourt.

On pourrait certes évoquer la bataille qui a opposé en 1257 Conrad von Hochstaden, archevêque de Cologne, aux bourgeois de sa ville. Il avait lui aussi recouru à l'embargo en plaçant ses troupes le long des routes menant à la ville. Les Colonais avaient alors fait appel à un noble, Dietrich von Falkenburg, comme plus tard les Strasbourgeois à Rodolphe de Habsbourg. Ce chevalier leur fit honte : comment l'évêque pouvait-il asphyxier leur commerce avec seulement 400 hommes ? Ils firent une sortie générale, et l'affrontement eut lieu à Frechen. La victoire fut du côté des bourgeois, mais seulement lorsque Dietrich von Falkenburg jeta ses propres troupes dans la bataille.

Il y a là une différence profonde avec Strasbourg : Rodolphe de Habsbourg n'était pas présent à Hausbergen, malgré ce qu'en ont écrit certaines bonnes plumes. La ville dut sa victoire à son propre mérite, et les chroniqueurs n'oublient pas de le rappeler.

La question est alors de savoir ce qui a été décisif dans cette affaire.

En grande partie, ce fut le terrain. Cette colline de Hausbergen a une valeur stratégique indéniable. Elle permet de dominer visuellement les environs, particulièrement vers l'est. Ce n'est pas pour rien que l'évêque y possédait la Haldenbourg ou projetait de s'installer à Mundolsheim. Quiconque occupe le sommet de cette colline dispose de deux avantages. D'abord de pouvoir se maintenir en hauteur, à l'abri d'une attaque inopinée, ensuite de voir venir. C'est pour garder ces deux atouts que Liebenzeller est resté sur le chemin de crête aussi longtemps que possible.

Par contre, celui qui s'approche par l'ouest bénéficie d'une visibilité médiocre. En venant d'Oberschaeffolsheim, la cavalerie puis l'infanterie de l'évêque ont dû emprunter des zones vallonnées. C'est seulement une fois sur le sommet du Stimmelsberg que Geroldseck retrouvait un contrôle visuel passable. Malheureusement, il y avait un angle mort : le côté est de la colline, où s'avançaient les renforts conduits par Zorn.

L'évêque a commis une première erreur : ne pas avoir envisagé ce danger. Il en a commis une autre : être descendu en terrain plat.

Nous n'avons pas jusqu'ici abordé une composante topographique à cette erreur. En effet, il y avait de fortes chances que les collines soient à ce moment couvertes de vergers et de vignes.

Dans cette hypothèse, les chevaliers ont dû descendre en empruntant les sentiers, en file indienne, avant de se déployer. Une fois en bas, à seulement 60-100 mètres de l'adversaire, le mouvement inverse devenait périlleux : remonter de la même manière revenait à provoquer l'assaut des 3 000 miliciens ennemis. L'évêque était donc dans la masse et ne pouvait plus compter que sur l'arrivée de ses fantassins.

Nous savons quelle erreur l'avait poussé dans ce piège. Il regrettait qu'à Breuschwickersheim il ait laissé les Strasbourgeois regagner la ville sans les attaquer, alors qu'ils étaient en terrain plat. Nous pensons que ses adversaires l'ont délibérément maintenu dans cette idée par une méthode simple : Liebenzeller a servi d'appât, tandis que Zorn attendait que la cavalerie de l'évêque soit en bas du Stimmelsberg, en infériorité numérique.

Ce qui précède n'apparaît dans les chroniques qu'en filigrane. Closener nous fournit un récit riche en anecdotes, où les chefs strasbourgeois semblent réagir au coup par coup, sans ligne tactique directrice. Liebenzeller entend les cloches se répondre dans la plaine ? Il envoie chercher du secours en catastrophe. Bute-t-il sur Oberhausbergen ? Il contourne à gauche. En fait, les sources se placent du point de vue de l'homme de troupe, qui se souvient des harangues de Reimbolt Liebenzeller, des congratulations avec Zorn ou des plaisanteries sur les chevaliers. N'oublions pas que ces chroniques sont des œuvres apologétiques, militantes, faites pour des anciens combattants. La réflexion tactique des capitaines n'y trouve pas de place. A prendre Closener à la lettre, c'est par hasard que l'évêque a été battu.

Pourtant son récit fourmille de détails montrant qu'il y a un plan de bataille. Ainsi, lorsque Liebenzeller contourne Oberhausbergen, il est bien dit qu'il cherche un chemin pour rencontrer l'évêque : *"un suhtent weg, wo su uber mohtent kummen gegen den Bischof"*.

Pourquoi, d'ailleurs, ne pas avoir choisi le contournement direct, par la rue des Vignes ?

Pourquoi ne pas avoir attendu Zorn ?

Pourquoi avoir quitté la colline par son extrémité sud, au lieu de faire la jonction avec ledit Zorn et regagner la ville en force à l'abri de la colline ?

Tous ces pourquoi, mis bout à bout, laissent deviner un plan de bataille qui a parfaitement marché.

Les chroniques font également l'impasse sur les divisions entre Strasbourgeois. Concrètement, les épiscopaux pouvaient, à l'intérieur de la ville, compter sur des gens susceptibles de les cacher — pensons à Hermann — de les aider à s'enfuir — pensons à Conrad von Schuttern — ou à les renseigner sur les mouvements de troupes.

Cela, les capitaines strasbourgeois le savaient, et ils l'ont intégré à leur projet.

Lorsque le 8 mars au matin le premier quitte la ville, il donne à penser aux partisans de l'évêque qu'il s'agit d'une opération ponctuelle, puisque le reste de la milice n'est pas mobilisé. C'est cette information-là que Geroldseck reçoit, par deux canaux convergents : les habitants du lieu et ses partisans à Strasbourg.

Il ne peut donc avoir qu'une seule réaction : il lui faut tomber sur cette petite troupe une fois qu'elle sera descendue en terrain plat et aura amorcé le chemin du retour. Une autre habileté aura consisté à mobiliser d'un coup le reste de la milice et à la faire avancer en hâte vers Mundolsheim. Ce faisant, on prenait de court les partisans de l'évêque, qui ne purent avertir ce dernier. La suite du scénario n'a plus qu'à se dérouler. Geroldseck, qui s'est avancé à l'aveuglette, se précipite dans le piège...

Peut-on enfin hasarder quelques hypothèses sur le déroulement chronologique de cette bataille ? L'expédition vers Mundolsheim a dû prendre une à deux heures pour une troupe encombrée de matériel de démolition.

Combien de temps la colonne de Liebenzeller a-t-elle travaillé à Mundolsheim ? Un cimetière, un clocher, un château, il y a là de quoi occuper les 1 500 hommes. Du côté du clocher, il semble qu'ils aient eu le temps d'araser les murs jusqu'au niveau de la porte. On peut les imaginer qui mettent bas leurs armes, leurs chapels de fer, leurs écus, plantent leurs bannières entre les tombes du cimetière, puis attaquent les bâtiments sous la protection des cavaliers. Nous comptons une demi-journée.

Le départ des renforts strasbourgeois a dû se placer au début de l'après-midi, pour une raison simple. On n'entraîne pas une troupe dans une marche forcée et un combat douteux avant qu'elle ait mangé. Cela fait partie des bases du savoir-faire militaire. L'affrontement a donc eu lieu dans l'après-midi du 8 mars 1262. Si le combat contre la cavalerie a été bref, il s'est prolongé ensuite contre l'infanterie, supérieure numériquement, mais inférieure du point de vue du moral.

La supériorité morale des Strasbourgeois joua dès le début. Closener nous dit que les 300 cavaliers de l'évêque entrèrent dans le combat, aiguillonnés par le sens de l'honneur, mais en sachant que la mort les attendait. Au cours de la première phase du combat, ils eurent affaire à d'autres nobles, des gens du même monde qu'eux. Il n'était pas certain que ces hommes les tueraient. Il subsistait la possibilité de finir prisonnier et de pouvoir se racheter. Ce qui était beaucoup plus inquiétant, c'était, à 60 mètres de là, la masse immobile de la milice. Il ne fallait attendre aucune pitié de ces *"armen Lute"* qui se souvenaient des mutilations de Breuschwickersheim. Aussi, lorsque les chevaliers épiscopaux virent cette masse de 3 000 hommes se mettre en marche, puis tuer les chevaux à l'aveuglette, comprirent-ils que leur chance de survie tendait vers zéro. Le ratio était désormais de dix fantassins contre un cavalier, tombé de sa monture et encombré par 30 kilogrammes d'équipement. Qu'on imagine la scène : deux chevaliers qui se retrouvent à terre et entourés d'une vingtaine de fantassins qui viennent d'abattre leurs destriers. On les somme de s'identifier, faute de savoir reconnaître les blasons : *"Stroszeburg oder Geroltseck"* ? Une soixantaine de chevaliers se rendirent, mais 164, soit la moitié de l'effectif, prirent le large, ce qui implique que les Strasbourgeois n'eurent pas le temps de tuer leurs montures, et que cette fuite eut lieu très peu de temps après le choc de l'infanterie.

Le combat sur les champs d'Oberhausbergen n'aura donc pas duré plus d'une heure ou deux.

L'ÉMANCIPATION DE LA VILLE

Après la disparition de Walther de Geroldseck le 12 février 1263, de nouveaux rapports deviennent possibles entre les deux camps. C'est à la demande des bourgeois que, le 10 mars 1263, les chanoines élisent comme évêque Henri de Geroldseck, le chantre qui était resté en ville. Malgré son patronyme, il n'a rien à voir avec Walther. Les familles nobles se nommaient d'après leur château et, comme le nom Gerold était relativement répandu des deux côtés du Rhin, le hasard a voulu qu'il y ait deux lignées de Geroldseck.

Ce Heinrich von Geroldseck am Wasichen, sur lequel les chroniques se montrent relativement discrètes, est un politique. Il a compris les projets de Walther et le conflit qu'ils allaient

Aujourd'hui encore, gardez courage, battez-vous sans broncher pour l'honneur de notre commune, pour notre liberté, celle de nos enfants et de tous nos descendants !

Les grands bénéficiaires de la bataille de Hausbergen ne furent pas les artisans, mais les familles patriciennes, qui confisquèrent le pouvoir et en exclurent le petit peuple à qui ils devaient la victoire. La plus puissante de ces familles était celle des Zorn, qui disputait la préséance à celle des Mullenheim. Au fond, la Pfalz, l'hôtel de ville achevé en 1321. Il symbolisait le pouvoir de cette oligarchie, qui devra céder la place en 1332 à la bourgeoisie marchande.

entraîner. Il les a dénoncés au moment de l'élection en se posant en candidat de la paix. Il est resté en ville alors que les clercs et les partisans de la cause épiscopale s'en allaient. Ce faisant, il a pris date et misé sur la victoire des Strasbourgeois. Le moment est venu pour lui de récolter les fruits de sa patience.

Dans une certaine mesure, il est l'homme des bourgeois. Ces derniers ont donc toutes les cartes en main. Ils ont humilié la noblesse de Basse-Alsace, leurs prisonniers nobles ont rallié leur cause et, à présent, le nouvel évêque leur doit son siège.

La porte est ouverte à une émancipation de la ville. Jusqu'où ?

Le 21 avril, Henri de Geroldseck, les chanoines de Saint-Thomas et Saint-Pierre-le-Jeune font la paix avec Strasbourg, dans un texte qui constate dans le détail les droits des bourgeois. Henri renonce à l'indemnisation pour les dommages subis par lui et ses alliés pendant la guerre et reconnaît aux bourgeois le droit d'élire librement le conseil, de jouir des communaux, de nommer les burgraves, les écoutètes (*Schultheiss*), le péager (*Zöllner*) et le maître de la monnaie (*Münzmeister*).

Le point central est que le conseil devient indépendant : il peut désormais émettre des statuts et conclure des alliances. Certes, il continue de prêter serment à l'évêque, mais cela n'a plus guère de sens.

Les conseillers organiseront librement l'élection de leurs successeurs. Le pouvoir circule donc à l'intérieur des élites urbaines, débarrassées de la tutelle de l'évêque. Ce dernier se retire à Dachstein, en gardant une représentation à Strasbourg. Le tribunal de la ville juge désormais en dernière instance pour le diocèse. La haute bourgeoisie et les nobles contrôleront l'administration de la ville pendant un demi-siècle.

Pendant quarante ans, ces élites dirigeront la ville sans se doter de nouveaux locaux. Il faudra attendre 1321 pour qu'elles quittent l'ancien palais épiscopal et se construisent, place Gutenberg, un véritable hôtel de ville, la Pfalz. Strasbourg devient une ville libre (*Freie Stadt*), qui dépend directement de l'empereur.

Ce qui se passe à Strasbourg n'est pas isolé. L'émancipation des élites urbaines était déjà bien avancée en Allemagne du Nord à la fin des Hohenstaufen. Et le monde germanique était en retard par rapport à l'Italie et à la France. Si Hausbergen a eu lieu, c'est parce que Walther de Geroldseck a voulu inverser un mouvement d'émancipation qui touchait enfin le sud du Saint Empire. Partout ailleurs, le changement s'était plutôt opéré pacifiquement. Si Geroldseck adopte une position rigide, c'est parce que, dans son projet de construction d'une principauté régionale, Strasbourg, avec ses ressources matérielles et humaines, devait avoir une position centrale. Impossible donc d'éviter l'affrontement.

Il se trouve que la bataille, qui a permis l'émancipation de la ville, a vu aussi, pour la première fois au nord des Alpes, une armée de professionnels de la guerre défaite par une milice d'artisans. Ce qui s'est passé dans l'après-midi du 8 mars 1262 sur les champs d'Oberhausbergen a donc une portée européenne.

L'événement a été éclipsé par Courtrai, Crécy et Azincourt. Il n'était que justice de retrouver, sept siècles et demi plus tard, la mémoire des combattants de Hausbergen.

UN PEU DE TOURISME HISTORIQUE

Cher lecteur, notre histoire est terminée. Nous vous invitons à présent à une promenade d'un genre inhabituel. Un itinéraire à suivre avec ce livre en main, dans les pas des hommes que nous avons croisés dans ce récit.

Un événement tel que la bataille de Hausbergen a laissé des traces que les paysages et les monuments portent toujours, 750 ans plus tard.

PREMIÈRE ÉTAPE LE CLOCHER DE MUNDOLSHEIM

En venant de Mittelhausbergen, suivre la départementale 63 dans Mundolsheim, tourner à gauche en direction du cimetière, qui est doté d'un parking. L'église et son clocher dominent le site. Depuis le cimetière qui l'entoure, on jouit d'une belle vue vers le nord, sur les routes de Brumath et Hochfelden.

Observons ce clocher. Son mur est fait de gros blocs jusqu'à mi-hauteur. Alors que sa base est du XIIe siècle, les étages, eux, ont été refaits. Autre détail, les pierres d'angle ont été malmenées. On peut donc imaginer que les artisans ont commencé leur tâche de démolition par la charpente, puis fait basculer les pans du mur vers l'extérieur. Ensuite, debout sur les gravats, ils ont attaqué les pierres angulaires, avant d'être interrompus.

Lorsqu'on quitte Mundolsheim vers le nord, vers la départementale 64, on se retrouve en contrebas du clocher et du cimetière. L'intérêt du site apparaît encore plus clairement. Il est en hauteur et contrôle visuellement la zone. Le récit de Specklin parle de la destruction concomitante d'un *Kirchhof* (cimetière), et les cadastres anciens signalent un *Kirchgraben* (fossé de l'église).

VERS LA HALDENBOURG

Derrière l'église s'amorce un chemin qui longe les ouvrages fortifiés bâtis par les Allemands après 1871. Le paysage a été oblitéré par ces travaux. La route asphaltée et bétonnée a été tracée par eux. Sur votre droite, au lieu-dit "Le vignoble", prenez le sentier qui gagne les champs, c'est le *Haldenburger Pfad*, le sentier de la Haldenbourg, et posez vos pas dans ceux des hommes de Liebenzeller. Vous longez des champs mais, au XIIIe siècle, cette zone était couverte de vignes. A un kilomètre de l'église, on arrive à une aire gravillonnée qui sert de parking,

L'église protestante de Mundolsheim domine le village. Seule la racine du clocher est d'époque. La nef est postérieure.

L'angle sud de la tour, avec les traces d'un début de démolition.

Le chemin de la Haldenbourg. Vue vers Mundolsheim.

Vue sur Strasbourg. Imaginez la cathédrale en plein chantier, sans sa façade actuelle et, alentour, un paysage bien dégagé, avec des villages de petite taille.

et un espace boisé, la station botanique : c'est l'emplacement de la Haldenbourg, sur le point le plus haut de la colline. Il n'y a plus de trace visible du château, jadis rasé par les Strasbourgeois, mais le cadastre de 1893 y place un Gloeckelsberg, une "colline de la chapelle". Des sources anciennes mentionnent une chapelle Sainte-Marie. En rasant la fortification, les Strasbourgeois auront laissé en place sa chapelle castrale. Retournez-vous : la vue est admirable sur Strasbourg. Et c'est bien de là que la petite troupe de Liebenzeller a vu les renforts arriver à travers champs. En longeant la station botanique, on parvient à une grande aire gazonnée. Elle était autrefois traversée par le fossé de la Haldenbourg : le cadastre de 1893 y signale encore une *Kehle*, une "gorge".

A un kilomètre de distance, la Haldenbourg et le clocher de Mundolsheim pouvaient jouer un rôle complémentaire dans le dispositif de l'évêque. Alors que la première surveillait Strasbourg, le second jouissait d'une excellente vue sur Lampertheim et les routes de Brumath et Hochfelden.

DIRECTION OBERHAUSBERGEN

Depuis Mundolsheim, par Nieder- et Mittelhausbergen, rejoindre Oberhausbergen. A la hauteur de Mittelhausbergen, vous êtes à nouveau sur les traces de Reimbolt Liebenzeller et de ses miliciens. A l'entrée d'Oberhausbergen, vous rencontrez une église. Elle date de 1894 et remplace un édifice qui existait en 1262.

Devant vous, s'ouvre la bifurcation de la rue du Général-de-Gaulle et de la rue des Vignes. Toutes deux aboutissent à la route de Saverne (départementale 63). Les Strasbourgeois n'ont emprunté ni l'une ni l'autre étant donné qu'elles étaient à l'intérieur du village et de son *Dorfgraben*. Ils ont dû contourner sur votre gauche le cimetière et son église et chercher leur chemin dans les champs avant de rejoindre la rue du Général-de-Gaulle à sa sortie du village. Les cartes anciennes signalent un moulin dans cette zone. Si un tel moulin a existé au XIIIe siècle, cela impliquerait, comme à Breuschwickersheim, un petit barrage et une retenue d'eau (voir plus bas).

Vue du champ de bataille depuis la route de Saverne. A droite, le Stimmelsberg, qui ferme les champs devant Oberhausbergen. La dénivellation est de 20 mètres. Tout près de la route, un lieu-dit porte encore le nom de Stritt, terme qu'utilisaient les chroniques pour désigner le combat du 8 mars 1262. Au fond, la route des Romains, par laquelle devait arriver l'infanterie de l'évêque.

Sur votre droite court la Klamm, un chemin taillé dans la glaise pour réduire l'abrupt. Des auteurs ont imaginé que les Strasbourgeois étaient descendus de la colline par là. Mais les chroniques précisent qu'ils avaient amorcé la descente plus près de Mittelhausbergen. Ils ont pu emprunter les deux avant de faire leur jonction devant Oberhausbergen.

LES CHAMPS D'OBERHAUSBERGEN

Sortir d'Oberhausbergen par la départementale 41, à la hauteur du Stimmelsberg. Laisser la voiture, monter sur la colline et avancer jusqu'en son milieu. On est dans la position de l'évêque et de ses cavaliers. A gauche, la départementale 41, à présent grignotée par l'urbanisation. C'est par elle que Geroldseck pensait que ses adversaires allaient regagner Strasbourg.

Sur votre droite, au loin, la route des Romains. Elle est à peine perceptible, mais l'infanterie épiscopale avançant avec ses bannières devait l'être.

Devant nous, la colline descend en pente douce. Avec la configuration actuelle, on pourrait imaginer les cavaliers de Geroldseck avançant en trois lignes jusqu'au lieu-dit Stritt. Il est tentant de reconnaître derrière ce toponyme, qui signifie "combat" dans la langue de Closener, un souvenir de la bataille de 1262. Mais il peut aussi s'agir d'une déformation de *Strueth*, "endroit buissonneux".

Les cartes anciennes montrent une colline couverte de vignes. Aujourd'hui, il en subsiste quelques lambeaux. Cela signifie que les chevaliers devaient emprunter les sentiers l'un derrière l'autre. Ce qui les exposait à une attaque en cas de repli.

PAR OÙ EST ARRIVÉ L'ÉVÊQUE ?

Revenons vers la route des Romains, à la bifurcation dite Bellevue, où se rencontrent les routes d'Ittenheim et d'Hurtigheim. Laissons la voiture sous l'arbre qui domine l'endroit, et empruntons la route d'Ittenheim à pied sur quelques centaines

Vue depuis la route des Romains. C'est probablement ici que l'évêque est monté sur la colline et a rejoint sa cavalerie. C'est une fois au sommet que l'évêque a vu ses ennemis. Le chemin rural au premier plan prolonge le Griesweg, en provenance d'Oberschaeffolsheim. Par le chemin creux de la Kleine Steig ("petite montée"), on arrive sur le sommet plat de la colline. A la bifurcation, on pouvait couper vers la droite et gagner du temps par un sentier aujourd'hui oblitéré par le remembrement. Toutes ces identifications sont évidemment hypothétiques.

de mètres. Bientôt, nous voyons sur notre gauche un chemin plonger dans un bouquet d'arbres. C'est la Grosse Steig.

L'évêque, qui avait suivi l'itinéraire Dachstein-Breuschwickersheim-Oberschaeffolsheim, a dû rejoindre la route des Romains en passant par ce chemin, ou par la Kleine Steig, un peu plus à l'est. A leur bifurcation, on a une vue assez bonne sur le clocher d'Oberhausbergen et sur la cathédrale de Strasbourg. Mais, une fois arrivé sur la route des Romains, on ne voit plus rien. A ce point, l'évêque a dû fonder ses décisions sur des supputations.

OÙ ÉTAIT LA CURIA DES STUBENWEG ?

C'est un des points étranges de cette histoire. Les chroniques placent à proximité de la colline du Stimmelsberg une propriété appartenant à la famille strasbourgeoise des Stubenweg et présentée soit comme une *curia*, soit comme un verger (*Boumgarten*). Il y a dans cette zone deux localisations possibles. Au nord de la route des Romains, la toponymie signale, outre une ancienne chapelle, un lieu-dit *Hof*, ce qui est l'équivalent de *curia*. Mais, plus à l'ouest, le long de la route d'Ittenheim, il y a une concentration d'indices indiquant la présence d'un ancien domaine habité par un noble. A commencer par *Fronhof*, cour colongère, puis, dans le cadastre allemand de la fin du XIXe siècle, une *Pfalz*, en principe une résidence seigneuriale, d'ailleurs traduisible elle aussi par *curia*. Malheureusement, pour le verger des Stubenweg, on restera réduit aux hypothèses.

LE CHÂTEAU DE BREUSCHWICKERSHEIM

Par Ittenheim, gagnons Breuschwickersheim. Lorsqu'on vient de Strasbourg, le château est à main gauche, en contrebas de la rue principale.

Il s'agit d'un des nombreux petits castels (*Bürgelin*) qui quadrillaient la plaine au Moyen Age. Aujourd'hui, le grand public se représente les châteaux médiévaux à l'image de ceux des Vosges. Celui de Breuschwickersheim est en briques et, sous son crépi, on devine encore le dessin des créneaux. Il a été modifié à la fin du Moyen Age. De son plan carré, flanqué par des tours rondes, il ne reste que deux côtés.

A quelques pas de là passe le Muhlbach. Ses rives ont été aménagées depuis l'époque qui nous occupe. Lorsqu'on arrive de Kolbsheim par la départementale 45, on se trouve encadré par une série de fossés (*Graben*) qui se jettent dans le Muhlbach. Le moulin signalé sur les anciennes cartes tirait son énergie de l'eau accumulée par une digue (*Schwall*), qui a donné son nom au Schwallweg. C'est peut-être la retenue créée par cette digue qui a bloqué les troupes de l'évêque. La chronique ne parle d'ailleurs pas d'un *Bach*, mais d'une surface d'eau très profonde : *"ein wasser derzwischent, das waz so tief, daz man nut wol derdurch moht gevarn"*. A la hauteur du moulin, le Muhlbach devait être canalisé et infranchissable. Par contre, plus à l'est, il se divise en plusieurs ruisseaux de débit plus faible et, de ce fait, faciles à franchir.

Le château de Breuschwickersheim, dont il ne subsiste que deux tours sur quatre. L'édifice a fait l'objet de remaniements, mais on peut encore se faire une idée de ce qu'était un petit château de plaine au XIIIe siècle.

Au premier plan, le Muhlbach, plus loin les saules qui marquent la ligne des *Graben* parcourant cette zone humide.

DACHSTEIN ET RETOUR

Poursuivez votre périple vers les Vosges, par la départementale 45 et Ergersheim, jusqu'à Dachstein. C'est là que l'évêque avait sa résidence et, après Hausbergen, il s'est replié. La bourgade a conservé peu de choses de son aspect du XIIIe siècle. Le château est aujourd'hui occupé par un restaurant. Le moulin existait peut-être déjà puisque, au début du XIVe siècle, Dachstein servait de grenier à l'évêque. Dans le cimetière, des pierres tombales ont été appuyées contre le calvaire. Les épitaphes sont illisibles mais, parmi les défunts, il pourrait y avoir des membres de la famille des Beger, puisqu'un Beger était chargé de la garde de ces lieux.

Revenons vers Breuschwickersheim, dans les pas de la cavalerie de l'évêque. Avant d'arriver à Ernolsheim, faisons un petit détour dans les vignes, à la chapelle Saint-Michel, signalée par

Les tours du rempart qui ont survécu. Celle de gauche pourrait être médiévale, l'autre est plus récente. Elle est percée d'une embrasure pour arquebuse du type *Maulschacht*.

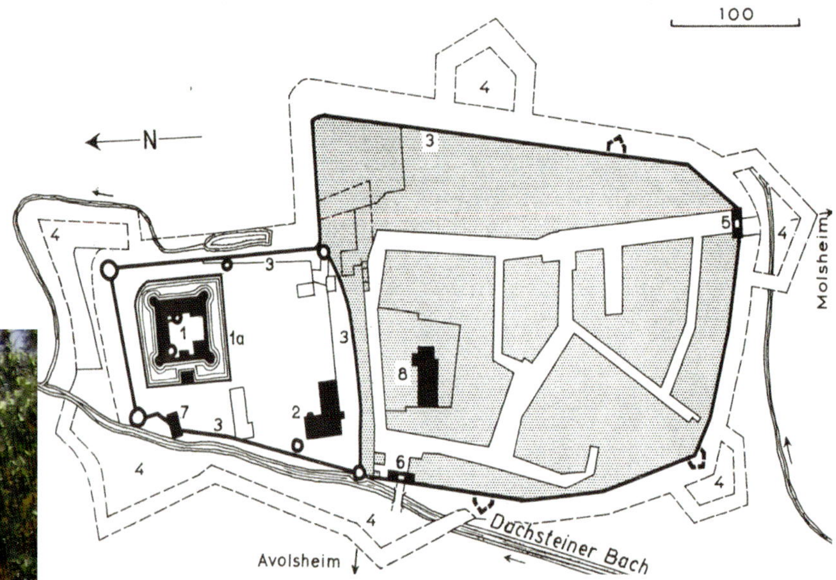

La tour-porte de Dachstein, vue de l'extérieur. Elle a été refaite au XVIe siècle.

Plan de Dachstein d'après *L'Atlas des villes médiévales*, F. Himly, 1970. 1. Château du XIIIe siècle (1214) ; 1a. Fossés creusés en 1361 ; 2. Château Renaissance (1577) ; 3. Enceinte du début du XIVe siècle ; 4. Enceinte de la fin du XVIe siècle ; 5. Porte Lehetor ; 6. Porte de la Bruche, refaite au XVIe siècle ; 7. Moulin ; 8. Eglise paroissiale Saint-Martin (1240).

La charmante chapelle de Rimelheim, seul vestige d'un village disparu.

un panneau. C'est tout ce qui reste d'un village, Rimelheim, abandonné au XIVe siècle. Il a dû être incendié en 1261 par les Strasbourgeois. Il illustre les dégâts que subissaient les villages lors des innombrables guerres féodales. A faible distance de là, entre Ernolsheim et Kolbsheim, les cartes anciennes signalent un autre village disparu, Vreindorf, sans doute lui aussi victime d'une guerre locale.

Ernolsheim a conservé un manoir, mais son aspect actuel remonte au XVIe siècle.

DORLISHEIM

La localité se trouve à peu de distance au sud de Molsheim, autre point fort du dispositif des Geroldseck. L'évêque et son

Le château d'Ernolsheim témoigne, comme celui de Breuschwickersheim, de la présence des châteaux, maisons fortes et mottes castrales dans et près de nombreux villages de plaine au XIIIe siècle.

La pierre tombale (1,9 sur 2,34 mètres).

Le heaume. Remarquez les fentes pour les yeux, les trous pour la respiration et la petite croix potencée.

frère y ont été enterrés, près du grand autel, mais il ne reste rien de l'église des Johannites.

Dans le jardin qui entoure l'église paroissiale, cette pierre tombale posée contre le mur donne une idée de ce qu'était la tombe de Walther ou de son frère Hermann.

L'ORTENBOURG

Le voyageur qui prend la route vers Colmar remarque au-dessus de Scherwiller les silhouettes de l'Ortenbourg et du Ramstein. L'ascension n'est pas très facile, mais elle en vaut la peine.

L'Ortenbourg occupe un éperon rocheux surplombant l'entrée du Val de Villé et celui de la Liepvre, ainsi que les villes de Scherwiller et Sélestat. Sa construction est due à Rodolphe de Habsbourg, à l'époque où il s'efforçait de contrôler la zone.

Son plan constitue un sommet de l'architecture militaire. D'une esthétique majestueuse, il annonce un nouveau type de châteaux capables de résister aux catapultes. Son donjon à plan pentagonal typique est orienté vers l'attaque, tandis que logis

L'Ortenbourg.

et basse-cour sont regroupés derrière lui du côté le plus abrupt, entre deux murs qui sont à la fois façades et remparts.

Le donjon divisé en 5 étages mesure 32 mètres de haut, présente du côté de l'attaque des murs d'une épaisseur de 3,5 mètres. Au cours du XIVe siècle, on lui a pourtant ajouté une chemise protégeant sa pointe et permettant d'augmenter le nombre de postes de tir. Du côté opposé (sud et est), un chemin de ronde "à la française" permet une circulation rapide des défenseurs. Au sud, l'entrée se présente comme une porte gothique surmontée d'une archère cruciforme. C'est depuis le logis qu'on accède au donjon, par une ouverture située à 7 mètres du sol.

Le château de Ramstein, à faible distance de là, a été construit sur des terres de l'évêque Geroldseck pour prendre à revers le château de Rodolphe.

Après cette excursion, revenons à Strasbourg, où l'on peut encore lire sur les monuments les traces de la victoire de Hausbergen.

LA SCÈNE MORALISANTE DE LA CATHÉDRALE DE STRASBOURG

C'est autour de la cathédrale que l'on trouve le plus de traces de l'événement qui nous occupe.

Au-dessus de la billetterie qui donne accès à l'escalier de la plateforme, court une frise dite moralisante. Au milieu de saynètes fustigeant des vices divers et variés (jeux de hasard, chansons paillardes, adultère, divination, etc.), on en trouve une curieuse, que Frédéric Piton, en 1865, a mise en rapport avec la bataille de Hausbergen.

Selon lui, le personnage de gauche représenterait les cavaliers épiscopaux, celui du milieu leurs adversaires, celui de droite l'évêque. Il présenterait des signes de ses deux puissances, spirituelle et temporelle : il porte la toison de l'agneau, mais son corps est celui d'un lion. Mais l'artiste montre la faiblesse de cette dernière, puisque le lion marche avec des pattes d'oie !

Cette interprétation, à supposer qu'elle soit solide, mérite quelques corrections et additions. A gauche, le personnage ailé doit être un ange gardien, peut-être un saint combattant, saint Michel ou saint Georges. Il représente donc la puissance divine, le bon droit.

L'ange affronte un troupier, avec un visage de singe, ce que Piton ne pouvait pas distinguer d'en bas. Or, le singe, à cette époque, a quelque chose d'ambigu, voire de diabolique.

Quant à l'évêque, à droite, ses traits principaux sont sa duplicité et sa lâcheté : il tourne le dos à la bataille, il cherche déjà un chemin pour fuir, alors que le bas de son corps et ses pattes de lion et d'oie rappellent son attitude hésitante. N'a-t-il pas quitté le champ de bataille sous les huées ? Remarquons que le lion a rentré la queue entre les jambes...

Tout cela n'est évidemment qu'une interprétation. Mais que deviendraient nos cathédrales sans un peu de rêve ?

Le tribunal de l'évêque

A quelques pas de là, on accède à l'horloge astronomique de la cathédrale par un perron. C'est à son sommet que se tenait

le tribunal de l'évêque (*Stockgericht*), à l'abri d'une toiture dont on voit encore les traces dans les murs. La fonction de ce lieu est rappelée par la statue de Salomon, roi de justice.

Le perron était à l'origine plus vaste, et fermé sur les côtés par une balustrade. Sur le contrefort de droite, on a incisé un gabarit réglementant la largeur des encorbellements après l'incendie de 1298 (1,08 mètre). Les citoyens de la ville pouvaient avoir accès à cette réglette avant le raccourcissement du perron.

C'est sans doute au haut de ce dernier que les autorités de la ville et Rodolphe de Habsbourg ont prêté serment en 1261. Le peuple était assemblé sur la place du château.

Rodolphe de Habsbourg

Dans les années qui suivirent la bataille de Hausbergen, les nouvelles élites de la ville entretinrent des rapports privilégiés avec le comte Rodolphe, qui devint en 1273 roi des Romains. Ces liens s'illustrèrent par la pose de sa statue sur la façade occidentale de la cathédrale. Sauriez-vous la reconnaître ?

Les combattants

Le héros de la bataille, Marx d'Eckwersheim, a laissé une trace de l'autre côté de la place du château, à l'Œuvre-Notre-Dame. Lorsque l'on sort dans son jardinet, on voit, parmi les dalles adossées au mur, une pierre tombale portant les armes des Marx. Le petit monument, daté du XIVe siècle, provient de l'église des Récollets détruite en 1906. S'agit-il de notre Marx ou d'un descendant ? A la bataille d'Hausbergen, il avait une vingtaine d'années ; il peut donc être mort au début du siècle suivant. Sauriez-vous le reconnaître au milieu de tous ces témoins silencieux ?

Rue des Grandes-Arcades (*Klein Erbs Laub*). Dessin d'après le plan Morand.

L'Œuvre-Notre-Dame conserve d'autres trésors. La salle 7 héberge la statue originale d'un chevalier du XIIIe siècle. Il porte une lourde cotte de mailles, des éperons et il a appuyé devant lui son épée, autour de laquelle il a enroulé son baudrier.

Les acteurs de la bataille ont également laissé des traces dans la ville.

Signalons aussi qu'en 1307 il y avait au 11 de la rue Brûlée un Merxehof, une cour des Marx, depuis longtemps disparue.

On sait qu'il existe aussi un quai Zorn, ainsi dénommé au XIXe siècle. Mais il y avait aussi, au 42, rue des Grandes-Arcades, une demeure "Zu dem alten Zorn", ce qui ne peut désigner que le Claus Zorn de Hausbergen.

Mais qu'est devenu Reimbolt Liebenzeller ? Tout près de la place Kléber, et à deux pas de la rue du Vieux-Marché-aux-Grains, il existe une rue du Vieux-Seigle. En fait, c'est la mauvaise traduction de *Firnkorngaessel*, ruelle Virnekorn. Or, il s'agit de l'ancien patronyme de Reimbolt Liebenzeller. Sa famille possédait donc quelques bâtiments dans cette rue. Le sens

du patronyme, "blé de l'an passé", suggère qu'elle avait fait des affaires dans le commerce du grain.

A quelques pas de là, au 20 de la rue des Hallebardes, se dressait un bâtiment qui apparaît en 1308 sous le nom "Zum Liebenzeller". Dans la ruelle du Vieux-Seigle, une grande maison et une tour, toutes deux crénelées, ultimes survivantes des travaux d'urbanisme modernes, ont peut-être appartenu aux Virnekorn-Liebenzeller.

Le mur médiéval vu de l'intérieur. La porte n'est pas d'origine, mais du XIXe siècle. Les merlons actuellement visibles ont été rajoutés par la suite.

Les imposantes tours des Ponts Couverts sont en briques et couvertes avec les tuiles canal en usage jusqu'au XIVe siècle (photo Europ-Flash).

LE REMPART

Achevons notre visite par ce qui reste des défenses du XIIIe siècle. Au nord de la place Broglie passe le canal du Faux-Rempart, creusé au XIIIe siècle et qui précédait la muraille. On y voit encore une tour de briques avec la trace d'arrachement de la courtine. Mais les plus belles tours contemporaines de Hausbergen sont celles des Ponts-Couverts, qui protégeaient l'entrée ouest du canal du Faux-Rempart. Si l'on veut se faire une idée de la courtine elle-même, il faut se rendre place Sainte-Madeleine, où a survécu un segment de rempart. Il s'agit d'un simple mur-rideau en briques, d'à peine 120 centimètres d'épaisseur, couronné d'énormes merlons. Le chemin de ronde n'avait que 40 centimètres de large. Il ne faut pas cependant se laisser tromper par les apparences. Les magnifiques merlons ne sont pas d'époque mais, si on observe bien l'appareil du mur, côté extérieur, on aperçoit les traces du crénelage du XIIIe siècle. Le mur était alors un peu plus bas.

NOS SOURCES

LES CHRONIQUES

Pour reconstituer le déroulement de la bataille, mais aussi ses tenants et aboutissants, les auteurs se sont appuyés sur une série de sources qui, en Alsace, ne sont plus sollicitées depuis un siècle. Elles sont plus ou moins proches de l'événement, et plus ou moins fiables.

Du côté de l'évêque, on trouve le témoignage d'un ecclésiastique, Richer de Senones (1190-1266), de son vrai nom Reichard, peut-être un cadet de la noblesse alsacienne ou lorraine. Sa chronique latine, achevée en 1265, et donc contemporaine des événements, nous est connue par des copies postérieures.

La source suivante est Gottfried d'Ensmingen. Dans les années 1280-1290, un notable de Strasbourg, Ellenhard le Grand, témoin de la bataille et devenu maître de l'Œuvre-Notre-Dame, rédigea une collection d'histoires et de faits remarquables. Il confia à Gottfried d'Ensmingen, notaire de la curie épiscopale, la tâche de rédiger en latin la partie concernant les années 1257 à 1290. On y trouve un récit du conflit entre évêque et bourgeois, généralement cité sous le nom de *Bellum Waltherianum*.

Fritsche, ou Frédéric Closener, prêtre à Strasbourg, est notre première source de langue alémanique pour ces événements. On lui doit la traduction du récit d'Ensmingen, à la demande de Jean Twinger, bourgmestre de la ville. Son travail est achevé le 8 juillet 1362. A cette époque, un nouveau conflit opposait l'évêque Jean de Lichtenberg aux bourgeois. Twinger s'était donc demandé ce qu'avaient fait ces derniers dans les mêmes circonstances en 1262.

Jacques Twinger (1346-1420), homonyme et sans doute lointain parent du précédent, était chanoine de la cathédrale. En cette fin de XIVe siècle, Strasbourg sortait d'une époque difficile et il était essentiel de renforcer le patriotisme de ses concitoyens. Twinger choisit l'histoire, et rédigea une chronique en allemand, comprenant une histoire des hommes depuis Adam, une présentation des papes et des empereurs, enfin, une histoire de Strasbourg et de son diocèse.

Daniel Specklin, architecte de la ville de Strasbourg à partir de 1577, a rédigé des *Collectanea in usum chronici Argentinensis* (*Sources réunies en vue d'une chronique de Strasbourg*). L'original fut détruit dans l'incendie de la bibliothèque municipale en 1870, mais des fragments en ont été conservés. Sur de nombreux points, Specklin divergeait par rapport aux sources des

XIIIe-XIVe siècles, mais il apportait aussi de précieux renseignements en provenance de récits perdus.

Parmi ces derniers figurait celui de Pierre le Carme, témoin visuel de la bataille et auteur d'une histoire assez précise : *De Bello Argentinensi sub episcopo Gualtero*, "le conflit à Strasbourg à l'époque de l'évêque Walther". Son récit a malheureusement péri, lui aussi, en 1870.

A ces sources majeures s'ajoutent de brèves allusions dans les *Annales* des Dominicains de Colmar, la *Chronique* de Saint-Georges, les *Annales* de Marbach, les *Notices* d'Altorf, et plus récemment la *Description historique* de Louis d'Hautemer mais, pour l'essentiel, le déroulement des événements nous est connu par Closener, Ensmingen et Richer.

LA CARTOGRAPHIE

Tout événement historique s'inscrit dans un paysage. Or, c'est l'aspect qui a été négligé depuis près d'un siècle par ceux qui se sont intéressés à la bataille de Hausbergen. Par chance, les lieux ne sont pas encore envahis par la banlieue de Strasbourg, toute proche. Il est donc possible, dans une certaine mesure, de se faire une idée du paysage au XIIIe siècle.

Les tracés des champs et des chemins ruraux d'avant le remembrement ont été conservés dans les cadastres du XIXe siècle. Cette source peut être confirmée à l'aide de l'outil informatique Géoportail. Sur ces photos aériennes anciennes, des traces de chemins et de structures continuent d'apparaître sous les lopins modernes.

Quant à la couverture végétale et aux cultures, on les retrouve à partir des récits, des cartes anciennes et des lieux-dits. Ainsi, le Stimmelsberg près d'Oberhausbergen a un moment porté des vergers et de la vigne, de même que les collines de Breuschwickersheim, optimum médiéval oblige.

Ces sources ont amené les auteurs à de longues vérifications sur le terrain. Le but était de se remettre dans l'esprit des acteurs de cet affrontement : quel chemin avaient-ils emprunté ? Que voyaient-ils ? Quelles contraintes topographiques devaient-ils surmonter ? Autant de questions sans lesquelles on se cantonne, au mieux, dans l'analyse des chroniques, au pire, dans la copie de moins en moins fidèle des publications du XIXe siècle.

L'ICONOGRAPHIE

Quant aux illustrations, nous avons voulu qu'elles reflètent aussi solidement que possible ce qu'on sait de l'époque. La cathédrale de Strasbourg, le Musée historique ou l'Œuvre-Notre-Dame se sont révélés de ce point de vue de véritables mines, pour ce qui concerne les équipements militaires et les costumes du XIIIe siècle.

LES BELLIGÉRANTS

Les alsatiques consacrent généralement quelques pages à l'événement et l'on trouve parfois une liste des victimes de la bataille tirée des historiens du XIXe siècle. Dans les lignes qui suivent, nous essaierons de voir ce que représentaient les noms de cette liste, du point de vue de l'assise territoriale et des réseaux sociaux.

LE CAMP ÉPISCOPAL

Geroldseck d'outre-Rhin.

Walther von Geroldseck est né en 1231 et meurt le 12 février 1263. Il a deux frères, Hermann et Henri dit "d'Achenheim", fils naturel. A seize ans, il est chanoine de la cathédrale (*Domherr*) et, à 21 ans, il est prévôt du chapitre (*Domprobst*). Les dignités ecclésiastiques s'accumulent donc sur sa jeune tête. Le 27 mars 1260, il est élu évêque, sans même avoir été consacré prêtre. En septembre 1260, Richard de Cornouailles, qui doit en partie son titre de roi des Romains aux Geroldseck, renvoie l'échelle en confiant à l'évêque les biens impériaux en Alsace. Ce qui fait de lui, *de facto*, un *Landvogt*. Il meurt le 12 février 1263, après l'échec de son projet de construction d'une principauté ecclésiastique.

La famille proche

Si l'évêque Walther occupe le devant de la scène, on aurait tort d'oublier son père, qui est le véritable artisan de sa carrière et l'inspirateur de sa politique. La famille des Geroldseck vient d'outre-Rhin. Depuis le XIe siècle, une série de chevaliers portent le nom du château de Hohengeroldseck, dans l'Ortenau. **Walther I** est le fondateur de la dynastie. Il réussit à se rallier la noblesse locale et, en épousant Helika de Vinstingen-Malberg, reçoit en dot les seigneuries de Lahr et de Malberg. En 1257, la découverte d'un gisement d'argent à Prinzbach, en face du château patrimonial, lui permet de mener une politique plus ambitieuse. Il prête notamment de l'argent à l'évêque de Bâle et, surtout, il permet à son fils de monter sur le siège épiscopal de Strasbourg, en "persuadant" les chanoines hésitants. En fait, nombre d'entre eux étaient déjà liés aux intérêts des Geroldseck. Il survit à ses fils Walther et Hermann, et meurt en 1277.

Le frère de l'évêque Walther, Hermann II de **Hohengeroldseck**, a été blessé au cours de la bataille et achevé par un détrousseur de cadavres. Il était bailli de l'Ortenau, puis est devenu bailli d'Alsace "des deux côtés du Rhin, entre Seltz et Brisach". Ce titre, conféré par Richard de Cornouailles, roi des Romains, à l'évêque de Strasbourg, lui avait été délégué. Sa nomination a déclenché une contre-offensive de Rodolphe de Habsbourg du côté de Colmar et Mulhouse. Au début de 1262, il a ravagé le val de Villé, où Rodolphe avait réussi à prendre pied.

Signalons un troisième fils, Henri, un quatrième, Conrad, prévôt du chapitre de la cathédrale, sans oublier deux filles, Sophie et Adélaïde.

La famille élargie

Tiersberg.

Les liens des **Tiersberg** avec les Geroldseck sont anciens. Au début du XIIIe siècle, les deux familles possèdent, dans la région de Lahr, des châteaux dont ils partagent les noms et souvent les blasons, au point qu'on leur prête une ascendance commune. Le chanoine Hermann de Tiersberg est le parrain de Walther et participe à l'élection de son filleul à la charge épiscopale. A Hausbergen, Hermann de Tiersberg sera tué, Rodolphe de Tiersberg et son fils, également prénommé Rodolphe, seront faits prisonniers. Ils seront libérés le 24 août 1262.

Une autre grande famille était liée aux Geroldseck, les Vinstingen ou Fénétrange. La mère de l'évêque était Helika de Fénétrange-Mahlberg. Henri II de Fénétrange, le cousin de Walther, était archevêque de Trèves depuis 1260. Il était venu à Strasbourg dès le début des hostilités avec 700 chevaliers. Fénétrange était le siège d'une baronnie composée de quatre seigneuries : les Schwanhals, les Brackenkopf, les Rathsamhausen et les Geroldseck. **Cunon de Fénétrange** sera tué à Oberhausbergen.

Vinstingen (Fénétrange).

Warnsberg.

Parmi les prisonniers de la bataille, on retrouve d'autres membres de la nébuleuse des Fénétrange : Henri et Walther de **Warnsbourg**, deux frères. Walther mourra en prison et Henri signera avec Strasbourg un traité de paix, que Jacques de Warnsbourg déclarera vouloir observer. La famille était originaire de Trèves et possédait un château à Warnsberg, dans le Warndt, en Moselle. Boëmond de Warnsberg deviendra archevêque de Trêves en 1289, succédant à Henri de Fénétrange.

Les alliés de la famille

Burgraf de Dorlisheim.

Werner der Stampf, "le pilonneur", est issu d'une famille noble de Strasbourg, les Steinburgertor. Ces derniers possédaient une maison patrimoniale, une *curia* située au débouché de la rue du Dôme sur la place Broglie, à l'endroit où du temps des Romains se dressait la *Lapidea porta*, "la porte de pierre". La famille reprit le nom de la résidence. En 1259, on retrouve la signature de Werner der Stampf à côté de celle de ses cousins Hugues et Lentfried de Steinburgertor sur l'acte de vente de cette fameuse résidence à... Walfram de Geroldseck, chanoine de la cathédrale. Cet allié sera fait prisonnier à Oberhausbergen. La veuve du chevalier Jean Burgraf de Dorlisheim est citée dans un acte de vente en 1291. Le fils de ce chevalier, Burkerd de Dorlisheim, est fait prisonnier à Oberhausbergen et se réconcilie tardivement avec les Strasbourgeois. Rappelons que l'évêque Walther et son frère seront enterrés à Dorlisheim.

Lichtenberg.

Thierstein.

Hunebourg.

Wildersberg.

Richenberg.

Les chanoines de la cathédrale

Le chapitre de la cathédrale de Strasbourg compte parmi ses chanoines deux membres de la famille de **Tiersberg**, déjà évoquée plus haut. Il s'agit de Berthold et de Hermann. Ce dernier, parrain de l'évêque Walter, était l'époux de Heilika von **Lichtenberg**.

Si les chroniques n'évoquent pas la présence des sires de Lichtenberg le 8 mars, on peut toutefois supposer qu'ils étaient présents. Louis de Lichtenberg avait participé à l'attaque de la porte Sainte-Aurélie l'année précédente et il est fait mention de la présence et de la capture d'un vassal de cette puissante famille : **Guillaume Mülich** ou **Mellich**, du nom d'un village dépendant du château de Lichtenberg.

Une autre grande famille, originaire de la région de Soleure (Suisse), a pris part à la bataille : les **Thierstein**. Le comte y a trouvé la mort et deux autres membres de la famille ont été capturés.

Les comtes de Thierstein avaient deux raisons de rejoindre le camp de l'évêque. Ils étaient liés au chapitre de la cathédrale et rivaux des Habsbourg aux frontières de la Haute-Alsace. Leur lieu de résidence était le château de Pfeffingen. Ils réapparaissent dans l'histoire alsacienne à la fin du XVe siècle, lorsqu'ils reconstruisent le château du Haut-Kœnigsbourg.

Les **Hunebourg** comptent également un chanoine dans leur famille : Ulrich. Mais c'est **Walther III**, maréchal de l'évêché et *Schultheiss* de Strasbourg, qui apparaît parmi les captifs de la bataille. Il s'était déjà illustré l'année précédente en menant la charge contre la porte Sainte-Aurélie de Strasbourg. Les comtes de Hunebourg sont attestés dès le début du XIIe siècle. Ils semblent avoir tenu le château de Hunebourg et l'avouerie de Neuwiller. Plus tard, le château est tenu par les *Schultheiss* de Strasbourg, anciens ministériaux de l'évêque, qui en prennent le nom.

Deux autres prisonniers sont issus de familles siégeant au chapitre de la cathédrale : **Jean de Wildersberg** (Vilsberg près de Phalsbourg), parent du chanoine Berthold de Wildersberg, et le chanoine **Philippe de Richenberg**, libéré le 24 août 1262. La famille possédait un château au-dessus de Bergheim (près de Ribeauvillé). Ils étaient également seigneurs de Stotzheim, près d'Andlau.

Les vassaux de l'évêché

Commençons par les plus proches, ceux dont on peut penser qu'ils formaient la garde rapprochée à Hausbergen. Parmi eux, on trouve **Conrad de Schuttern**, dont les possessions se trouvaient près de Lahr, dans l'Ortenau. Schuttern est stratégique pour les Geroldseck, qui y exerçaient l'avouerie de l'abbaye. Conrad prouve son attachement à l'évêque en tentant d'organiser l'évasion du dernier carré de fidèles restés en prison.

Les **Beger** ou **Beyer** étaient implantés à Geispolsheim et Kolbsheim. En 1246, pendant l'interrègne, Henri de Stahleck, évêque de Strasbourg, s'était emparé de la ville impériale d'Obernai. Il pousse les Beger à construire le château du Birkenfels dans la forêt de la ville, afin de surveiller cette dernière. A Hausbergen, Werner Beger sera tué ; Albert et Guillaume, faits prisonniers, se réconcilieront avec la ville. Guillaume, vicedôme

Beger.

Kagen.

Bischoffsheim.

Furdenheim.

de l'évêque, aurait possédé un fief à Vendenheim, en même temps que le fameux **Burchart Munhart** qui aide l'évêque à s'enfuir. Ce Burckhard apparaît plus tard comme burgrave d'Osthofen et, sous son vrai nom, Munhard Beger.

Parmi les morts, on trouve un conseiller de l'évêque que la chronique appelle **Burggrove**. A l'origine, un burgrave est le chef militaire d'un château ou d'une forteresse. Ensmingen permet d'identifier le personnage : Guntherus Rufus ou Gunther le Roux, burgrave de Strasbourg en 1258.

Conrad Kagen parviendra à s'échapper et saura se réconcilier avec la ville. Cette famille de ministériaux épiscopaux avait construit le Kagenfels pour le compte de Henri de Stahleck, évêque de Strasbourg, pour surveiller Obernai. L'occupation de ce château par les Kagen ne sera régularisée par Rodolphe de Habsbourg qu'en 1289.

Sont également capturés deux Usselin, de **Furdenheim**. Les seigneurs de Furdenheim sont des ministériaux de l'évêque dès 1147.

Parmi les chevaliers capturés, il faut compter **Hugo der Tunnebolder**, Hesso et Cuno de Geispolsheim. Les deux derniers seront libérés tardivement, en 1264. La caution sera payée par leur frère Otton.

Kesseler **Erbon,** "l'héritier", signera aussi son acte de réconciliation. Cela permettra à plusieurs membres de cette famille de ministériaux de l'évêché de devenir sénateurs de la ville dès la fin du XIIIe siècle.

Walther Flesche, "la bouteille", originaire de Bischoffsheim, et vassal de l'évêque de Strasbourg, ne sera libéré qu'en 1265, grâce à la caution de Stehelin, Burckard Flesche et Ulrich Munch de Bischoffsheim.

Otto der Kember, "le cardeur ", est issu d'une famille noble originaire de Molsheim, vassale de l'évêché de Strasbourg. On a son acte de réconciliation.

La noblesse ralliée

Au cours de l'année 1262, Richard de Cornouailles a résidé dans son palais impérial à Haguenau. S'il n'a pas directement pris part au combat, il soutenait le clan des Geroldseck contre les bourgeois, et l'on retrouve parmi les combattants des gens de la sphère impériale.

Ainsi, **Rudolf de Batzendorf**, *Schultheiss* de Haguenau, figure parmi les captifs. Il sera libéré le 31 janvier 1263, en même temps qu'un sire Knechtilin de Berwartstein, en échange de Louis le Jeune, de Lichtenberg. Batzendorf faisait partie du domaine impérial (*Landvogtei*). Knechtilin**,** "petit vassal", est le surnom de Walther de Berwartstein. Le château de ce dernier est situé derrière Bergzabern au nord de Wissembourg (Palatinat).

Les **Landsberg** ou Landsperg apparaissent en Alsace en 1144 dans la mouvance des Stauffen. On attribue le *Hortus deliciarum* à Herrade de Landsberg, abbesse de Hohenbourg (Mont-Sainte-Odile). Le château de Landsberg, construit au-dessus de Barr en 1197 par Conrad de Landsberg, servait à protéger les abbayes de Sainte-Odile, Niedermunster et Truttenhausen. Alliés traditionnels des empereurs, les Landsberg basculent dans le camp épiscopal en 1246 et combattent à Haus-

Batzendorf.

Landsberg.

Andlau.

Hohenberg.

Guirbaden.

bergen. Conrad, Gunther, Werner et Walther de Landsberg, prisonniers des bourgeois, sont libérés dès le 16 juillet 1262. Ils se retournent aussitôt contre le camp épiscopal. En récompense, en 1273, Rodolphe de Habsbourg leur laissera la jouissance du fief impérial.

Avec **Eberhard d'Andlau**, on a un autre prisonnier de marque. Le destin de ce lignage est lié à celui de l'abbaye d'Andlau, dont Eberhard est un des protecteurs. Cette dernière passe, vers 1250, sous le contrôle de l'évêché de Strasbourg. C'est à Eberhard qu'on doit le château du Haut-Andlau. Le comte est libéré le 16 juillet 1262. Il poursuivra son activité de bâtisseur en construisant un château dans le cimetière fortifié de Valff. Lorsque Rodolphe de Habsbourg deviendra roi des Romains, il voudra s'appuyer sur la noblesse d'Alsace, et régularisera la situation des Andlau.

A côté d'Eberhard, trois ministériaux de l'abbaye d'Andlau sont cités parmi les prisonniers : **Werner de Nügürte** (Neugartheim), **Dietrich de Künigsheim** (Kinsheim) dont il existe l'acte de réconciliation, et **Werner de Notholden** (Nothalten, village qui dépendait à la fois de l'évêché et de la famille d'Andau) libéré le 30 juillet 1262, sous la garantie de Walter de Nothalten.

Les comtes de **Hohenberg**, ou Hohenbourg, étaient originaires de Souabe, mais possédaient des biens considérables en Alsace. Tout comme les Habsbourg, ils prétendaient descendre du duc d'Alsace Adalric, père de Sainte-Odile. Au début du XIIIe siècle, la famille est proche des empereurs. En 1236, Gottfried de Hohenbourg servit l'empereur Frédéric II en Italie et gagna le surnom de Puller, "de la Pouille". Cette branche de la famille obtiendra la citoyenneté strasbourgeoise en 1266 et, en 1299, Burkhart Puller deviendra *Stettmeister* de Strasbourg. Mais, tout comme la famille Geroldseck, les Hohenbourg sont divisés : Gertrude (ou Anne), la fille du comte Burckard de Hohenbourg, n'est autre que l'épouse de Rodolphe de Habsbourg et **Sigismond de Hohenbourg** sera fait prisonnier à Hausbergen en combattant pour l'évêque.

On retrouve cette division chez les Guirbaden. Un **Ulrich de Guirbaden** figure parmi les prisonniers. Son frère, Walther, fut par contre pro-strasbourgeois, et se porta garant de lui en 1262 pour sa libération. Ces deux personnages sont certainement les fils de Rodolphe de Balbronn. En 1240, Berthold, l'évêque de Strasbourg, donna le château de Guirbaden, près de Mollkirch, en fief à Rodolphe de Balbronn ainsi qu'à ses fils.

On reste donc dans la même famille avec **Dietrich et Werner de Baldeburnen** (Balbronn), signalés comme chevaliers en 1240. Les fouilles archéologiques ont mis au jour à Balbronn une tour-habitat romane. Elle peut avoir appartenu à cette famille, qui apparaît en 1178. On trouve des chevaliers de Balbronn comme ministériaux de l'abbaye de Hohenbourg (Mont-Sainte-Odile) et de l'empire. La famille passe au service de l'évêque de Strasbourg en 1226.

Une famille importante n'est pas citée dans les récits de la bataille, celle des **Rappolstein** (Ribeaupierre). A sa tête se trouvait alors Ulrich de Rappoltstein (vers 1244-vers 1303). Toutefois, parmi les morts, on relève plusieurs vassaux de cette famille : **Waffeler** l'Ancien, et ses deux fils, qui étaient déjà chevaliers. Ils sont originaires d'Echéry (Eckerich), au-dessus de Sainte-

Rappolstein.

Waffeler d'Eckerich (Echéry).

Werde.

Still.

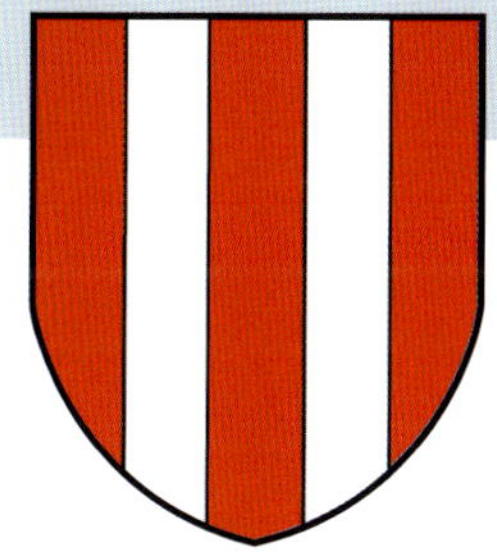

Marie-aux-Mines. Trois frères, seigneurs d'Eckerich, sont également cités parmi les victimes de cette journée.

Autre allié de poids : le comte **Henri Sigebert de Werde**, le landgrave de Basse-Alsace. Les Werde avaient leur château à Matzenheim. Ils possédaient également la Frankenburg, à l'entrée du Val de Lièpvre. Dès 1185, Sigebert III prend le titre de comte.

Ses descendants en 1192 obtiennent le titre de landgrave de Basse-Alsace. Les armoiries du département du Bas-Rhin reprennent celles des landgraves, autrement dit de la famille de Werde. Le chevalier Jean de Werde trouve la mort à Hausbergen. Le landgrave Henri Sigebert sera un des prisonniers les plus importants, il sera libéré le 16 juillet 1262.

Quelques proches du landgrave parmi les captifs et dont nous avons retrouvé les actes de réconciliation : **Berthold de Werde**, frère de Gernaud le burgrave, Jean de Werde et Frédéric d'Offenheim. Ce village est un alleu des landgraves Werde de Basse-Alsace.

Proche de Matzenheim, Erstein fournit quelques combattants, dont les fils du sire de Nibelung : Henri et Walter **Durlander,** libérés le 29 juillet 1262 sous la garantie de Rodolphe d'Uthinheim (Uttenheim) et Eberhard d'Erstein. Cette famille est originaire de Worms. Un peu plus tard, le 5 mars 1263, sera libéré **Jean de Crosswiller** (Gresswiller). Ce village appartient au monastère d'Erstein.

Voisin de Gresswiller, le village de Still verra deux de ses chevaliers capturés : Goetz et Volmar. De leur château, mentionné au XIIe siècle, il ne subsiste rien. Seul Goetz apparaît comme libéré, le 1er août 1262, sous la caution de Hartung de Wide.

Non loin de Still et Gresswiller, il y avait le village d'Hermolsheim, qui était séparé de Mutzig par la Bruche. Albrecht d'Hermolsheim est libéré le 1er août 1262, grâce à la garantie de Wigerich der Rintborte. Cette famille d'Hermolsheim semble avoir été liée à celle des **Scholl**, que l'on retrouve à Entzheim. Cette bourgade avait un château, car on cite un fossé (*Burggraben*) avant 1269. A noter que, dans leur fuite, les chevaliers se sont notamment retrouvés à Entzheim, qui devait faire partie du dispositif encerclant Strasbourg. Si château il y a eu, il a dû faire les frais de la contre-offensive strasbourgeoise après la bataille d'Oberhausbergen. Trois **Schollin**, seigneurs d'Entzheim, sont tués à Hausbergen. Deux Schollin de Fürdenheim sont tués tandis que Rudolf, le troisième frère, est capturé.

Quelques chevaliers épiscopaux viennent du voisinage proche du champ de bataille. A commencer par **Henri de Hugsbergen** (Hausbergen), seigneur de Mundolsheim et Mittelhausbergen, dont on a trace de l'acte de réconciliation avec la ville en 1263. On n'a malheureusement aucune indication sur les armoiries de cette famille en 1262. Les trois localités appartenaient à la collégiale Saint-Thomas. Proche également, **Rodolphe Haumesser**, "le fauchard", possédait un fief à Vendenheim. Le fait d'avoir été des adversaires de la ville n'empêchera pas les Haumesser de jouer un rôle à Strasbourg.

Il y aura un Nicolas, un Jean et un Guillaume, conseillers dès la fin du XIIIe siècle. On trouve trace de son acte de réconciliation avec la ville en 1263, avec la caution de Hartung de

Haumesser de Vendenheim.

Lampertheim.

Berstett.

Butenheim.

Rosheim.

Wangen, Hugo de Westhoffen et Conrad Kagen. Ce dernier possédait, tout comme Rodolphe Haumesser, un fief à Vendenheim. **Conrad de Lampertheim** portait le surnom "der Zürner", le colérique. Lampertheim étant à quelques kilomètres au nord de Mundolsheim, le chevalier s'est trouvé directement impliqué dans la bataille. Une chronique signale en effet qu'à l'expédition contre le clocher de Mundolsheim s'ajoute une autre contre le château de Lampertheim tout proche.

Le prochain village vers le nord est Berstett, dont les seigneurs sont évoqués dès la fin du XIIe siècle. A ce moment, Garsilius de Berstett tient en fief plusieurs localités proches de Strasbourg. Pierre de Berstett comptera parmi les captifs, jusqu'à ce que Rodolphe de Berstett se porte garant pour lui.

Avec **Jean de Butenheim**, dit Tierlin, "le petit animal", on passe dans la zone à l'ouest de Strasbourg. Jean est tué, mais Cuno de Butenheim et ses trois fils se réconcilieront avec les Strasbourgeois. Il existe certes un Butenheim en Haute-Alsace, mais cette seigneurie est trop éloignée de l'influence des Geroldseck. Buttenheim est aussi l'ancien nom de Hangenbieten. Les seigneurs de Butenheim vendront une partie de leurs possessions en 1329 à la collégiale Saint-Thomas de Strasbourg.

Proche du débouché de la vallée de la Bruche où campait l'armée épiscopale, la ville de Rosheim abrite plusieurs familles de chevaliers, dont celle d'un certain **Remiche de Rodesheim**, qui, après sa captivité, s'est réconcilié avec les Strasbourgeois.

Frédéric Stange, "la barre", était aussi un chevalier originaire de Rosheim et sera libéré le 1er août 1262, avec la garantie de Marquart de Rosheim et la rançon de cinquante marcs. Il sera obligé de faire alliance avec Strasbourg contre l'évêque.

A côté de Dachstein, où résidait l'évêque, se trouve Scharrachbergheim. En 1194, le nom des seigneurs de Scharrach apparaît dans l'entourage de l'évêque de Strasbourg. Bernard de Scharrach est le vassal et le gendre d'Otton d'Ochsenstein. Malgré ce lien, les Scharrach et les Ochsenstein seront opposés durant ce conflit. **Cunon de Scharrach** sera fait prisonnier.

Scharrach.

Ceux dont on ne connaît rien, ou pas grand-chose...

Cunon dit "der Rouber", le pillard. Libéré le 6 août 1262, sous la garantie de Philippe de Richenberg, Walter de Guirbaden et Cunon de Hittschein.

Hugo "der Walch", le Lorrain, qui s'est réconcilié avec la ville. **Beckelar**, premier mort de la bataille et dont on ne sait rien par ailleurs... Enfin, dans les actes de la ville de Strasbourg, il est fait mention, le 5 mars 1263, de la libération de cinq bourgeois de **Renchen (Ortenau)**.

Notons que la paix définitive n'est signée qu'en 1266, à Kappel-am-Rhein, et que les deux parties échangèrent à ce moment leurs derniers prisonniers.

LE CAMP STRASBOURGEOIS

Reimbolt Liebenzeller. Cette famille porte à l'origine le nom de Virnekorn. Le patronyme signifie "blé de l'an passé". Il semble qu'ils aient eu des liens avec le commerce du grain. Au moment de l'escarmouche devant la porte Sainte-Aurélie, une série de Liebenzeller sont mentionnés, et ce sont des boulangers qui étaient de garde. En 1220, on a trace d'un Conrad Virnekorn, dont un fils s'appelle Reimbolt. Le changement de nom a lieu en 1253 et semble lié au château de Liebenzell, dans l'Ortenau. En 1255, le roi des Romains Guillaume fait donner à Liebenzeller un fief à Traenheim. Au moment de la guerre de Walther, Reimbolt apparaît avec le titre de *Houbetman* (capitaine). En reconnaissance, les Strasbourgeois exempteront d'impôt sa maison. On ornera sa façade d'un buste représentant un roi.

Nicolas Zorn (1230-1292), en alsacien : Claus, Clauwes. Sa famille d'origine est celle des Ripelin. Zorn l'Ancien a reçu d'Albert de Habsbourg, landgrave, le fief d'Entzheim en 1227. On a expliqué son nom par son caractère irascible. A Hausbergen, les chroniques lui donnent le titre de capitaine. On le retrouve comme *Schultheiss* en 1265. Il fait partie de cette noblesse urbaine qui gouvernera Strasbourg de la fin du XIIIe au début du XIVe siècle. Pendant cette époque, les Zorn disputeront le pouvoir aux Mullenheim, famille rivale.

Eckwersheim. Une famille de ministériaux au service de l'évêque de Strasbourg qui s'est nommée d'après le village d'Eckwersheim, où ils possédaient une grange colongère (Dinghof) comme fief de l'évêque. Ils appartenaient à la couche supérieure des ministériaux. Ils tenaient des fiefs de l'empire, de l'évêque et de diverses familles nobles d'Alsace (Greifenstein, Lichtenberg, Ribeaupierre). Ils possédaient en partie les châteaux de Bilstein, Ortenburg et Schwanau, et les localités de Dambach et Stotzheim. Bien que ministériaux de l'évêque, ils n'occupaient pas de fonctions en ville, où ils possédaient quelques maisons. Hetzel Marx passe pour le fondateur de la lignée au début du XIIIe siècle. Il a tôt pris parti pour les intérêts des bourgeois et l'émancipation de la ville.

Henri IV de Geroldseck-ès-Vosges. La famille est nommée ainsi pour la distinguer des **Geroldseck d'outre-Rhin**. On retrouve également dans les chroniques les appellations de **Gross-Geroldseck** ou encore de **Geroldseck-en-Alsace**. Malgré cette homonymie, nul n'a pu formellement prouver que les deux familles avaient une origine commune. Ces Geroldseck alsaciens possédaient le château de Grand-Geroldseck près de Saverne.

Henri était chanoine de Surbourg, ainsi que chantre du chapitre de la cathédrale de Strasbourg. Il fut le seul, avec le seigneur d'Ochsenstein, à s'opposer à l'élection de Walther à la fonction épiscopale. A la mort de ce dernier, il lui succédera. Il fut un allié fidèle de la ville de Strasbourg et de Rodolphe de

Liebenzeller.

Zorn.

Eckwersheim.

Habsbourg. En 1264, il tint un synode diocésain dans le but de ramener la paix dans son diocèse. Il décédera en 1273. Henri de Geroldseck n'a pas pris part à la bataille. C'est un politique, qui a su évaluer les chances des deux partis et agir dans l'ombre.

Otton d'Ochsenstein. Les Ochsenstein tirent leur nom de leur château ancestral. Ils apparaissent en 1187. Otto II épouse Cunégonde de Habsbourg, ce qui fait de lui le beau-frère de Rodolphe de Habsbourg. Il le suit dans plusieurs campagnes militaires et prend parti pour Strasbourg en 1261.

Burkart de Hohenstein. La famille est originaire de Thuringe. Berthold, évêque de Strasbourg, leur confie le château de Wickersheim en 1226.

Hugo Kuchenmeister, littéralement, "maître de cuisine". Les chroniques en font un "citoyen respectable". Il sera distingué par ses concitoyens, qui dresseront une statue devant sa maison, laquelle sera exemptée d'impôt.

Heinrich von Achen, littéralement "Henri d'Aix", l'autre capitaine à qui on confia l'infanterie. Chez Specklin, il s'appelle

Geroldseck-ès-Vosges.

Ochsenstein.

Hohenstein.

Les bannières des corporations (maçons, bouchers, boulangers, tonneliers, bateliers, forgerons, charpentiers).

Eiche. Son nom suggère qu'il n'était pas un Strasbourgeois de souche. Il sera récompensé de la même façon que son collègue Kuchenmeister. On ne sait rien d'autre de lui.

Guirbaden. En 1218, le bailli impérial fait construire le nouveau château de Guirbaden pour contrer l'expansionnisme lorrain. Il s'agit d'un fort de garnison qui verrouille la vallée de la Bruche. En 1226, les deux châteaux passent à l'évêque de Strasbourg.

Ellenhard le Grand. Nous avons plus haut évoqué son rôle comme source. D'après Closener, il était *Wartmann* (guetteur ?) au moment de la bataille.

Pierre de Strasbourg. Il s'agit d'un prêtre, un carme, qui a rédigé un *De Bello Argentinensi sub episcopo Gualtero,* "la guerre de Strasbourg, sous l'épiscopat de Walther". Les sources qui le mentionnent le présentent comme un témoin visuel très précis et fidèle. Son œuvre est malheureusement perdue, mais Specklin s'en est inspiré. Cet ecclésiastique avait sa place sur le champ de bataille, pour bénir les troupes et consoler les mourants.

Bilgerin, l'étrange mort unique. Son nom signifie "pèlerin". Les chroniques favorables à Strasbourg le présentent comme le seul mort du côté de Strasbourg. Son métier de boucher (*Carnifex*) a fait dire que cette corporation était chargée d'abattre les chevaux. Un Bilgerin apparaît comme chevalier à Strasbourg en 1326.

Nikolaus von Vinkenwilre. Nicolas de Finkwiller, un quartier de Strasbourg. On apprend dans les documents postérieurs à la bataille qu'il a été prisonnier de l'évêque. Il est déjà libre en août 1262, ce qui signifie que des échanges de prisonniers avaient déjà eu lieu.

BIBLIOGRAPHIE

Sources

- *Annales Marbacenses, qui dicuntur Chronica Hohenburgensis, cum continuatione et additamentis Neoburgensibus, recognovit Hermann Bloch. Accedunt Annales Alsatici breviores*, Hanovre et Leipzig, 1907.
- *Closener's Strassburgische Chronik, Bibliothek des Literarischen Vereins in Stuttgart*, Stuttgart, 1843.
- *Chronicon Universale et Alsaticum Iacobi de Koenigshoven, Presbyteri ad D. Thomae Argentorati an. 1386, nunc primum editum ex M.SS. observationibus Historicis illustratum a Io. Schiltero, 1698. Strasbourg*, 1698, chapitre IV, pages 244-255.
- Ch. Gerard, J. Liblin, *Les Annales et la Chronique des Dominicains de Colmar*, Colmar, 1854.
- Louis d'Hautemer, *Description historique et topographique de la ville de Strasbourg et de tout ce qu'elle contient de plus remarquable en faveur des voyageurs*, Strasbourg, 1785.
- *Historia de Bello quod Waltherus de Geroldseck episcopus argentinensis contra suam gessit civitatem annis MCCXI et MCCLXII, Chronicon Godefridi de Ensmingen*, tiré des Chronicalia de P. A. Grandidier, publié par Joseph Liblin, Strasbourg, 1868.
- *Richeri gesta Senoniensis ecclesiae, Monumenta Germaniae Historica*, chapitre XV. www.dmgh.de.
- Gerard de Roo, *Annales rerum belli dominique ab Austriacis Habspurgicae gentis principibus a Rudolphos primo usque Carolum V gestarum, 1592*, Bibliothèque humaniste de Sélestat.
- Daniel Specklin, *Les collectanées. Chroniques strasbourgeoises du XVIe siècle*. Fragments recueillis par Rodolphe Reuss (fragments d'anciennes chroniques d'Alsace 2), Strasbourg, 1890.

Etudes des sources

- Gerber Harry, *"Closener, Fritsche", Neue Deutsche Biographie, 3*, 1957, page 294.
- Dieter Mertens, *Der Strassburger Ellenhard-Codex in Sankt-Paul im Lavanthal*, publié dans Hans Patze, *Geschichtsschreibung und Geschichtsbewusstsein im späten Mittelalter, Sigmaringen, 1987*, pages 543-580.
- Francis Rapp, "Un bon historien, curé de Drusenheim : Jacques Twinger de Kœnigshofen", Société d'Histoire et d'Archéologie du Ried Nord, *Annuaire* 1988, pages 57- 65.
- Roth von Schreckenstein, Carl Heinrich, *Herr Walther von Geroldseck, Bischoff von Strassburg (1261-1263)*, 1857.
- Gabriela Signori, *Das 13. Jahrhundert : eine Einführung in die Geschichte des spätmittelalterlichen Europas, 2007*, pages 131-137.
- Wilhelm Wiegand, *Bellum Waltherianum, Studien zur Elsässischen Geschichte und Geschichtsschreibung im Mittelalter*, Strasbourg, 1878.

Etudes générales

- Hans Delbrück, *Geschichte der Kriegskunst, im Rahmen der politischen Geschichte, Berlin, 1923*, Teil 3, pages 389-395.
- Christopher Gravett, *German Medieval armies 1000-1300, Men-at-Arms, 310, Oxford, 1997*, pages 44 et suivantes.
- Joseph Morsel, *"La société laïque"*, dans Michel Parisse, *De la Meuse à l'Oder. L'Allemagne au XIIIe siècle*, Paris, 1994, pages 105-160.

Etudes locales

- *Das Bellum Waltherianum und die Burgen im Grenzraum Breisgau/Ortenau um die Mitte des 13. Jahrhunderts*, Albert-Ludwigs-Universität Freiburg i. Br. Historisches Seminar, abt. Landesgeschichte. Dozenten : Prof. Dr. Thomas Zotz, Dr. Boris Bigott. Protokoll zur Sitzung vom 15.6.2005.
- Annick Clavert, J.-M. Holderbach, Michel Irion, *Oberhausbergen, Bribes d'histoires*, Strasbourg, 2008.
- "Guerres", Encyclopédie d'Alsace, volume 6, pages 3 586-3 587.
- "Haldenbourg", *Encyclopédie d'Alsace*, volume 6 ; "Oberschaeffolsheim", *Encyclopédie d'Alsace*, volume 9.
- *Histoire de l'Alsace*, sous la direction de Ph. Dollinger, Toulouse, 1991.
- Odile Kammerer, *Entre Vosges et Forêt-Noire : pouvoirs, terroirs et villes de l'Oberrhein. 1250-1350*, Paris, 2001, page 55, n. 66. Kokkonen, Ossi, Understanding Peace in the 13th century German Culture : were the Rhenish League and town leagues "coniurationes" ? http://www. ennenjanyt/ 4-04/referee/kokkonen.pdf
- Bernhard Metz, "L'apparition de l'écuyer en Alsace au XIIIe siècle. De la ministérialité à la petite noblesse", *Revue d'Alsace*, n° 122, 1996, pages 83-92.
- "Mundolsheim", *Encyclopédie d'Alsace*, volume 9, pages 5 376-5 377.
- Philippe Nuss, *Les Habsbourg en Alsace, des origines à 1273. Recherches pour une histoire de l'Alsatia Habspurgica*, Riedesheim, 2002.
- Raymond Oberlé et alii, *Les guerres au Moyen Age*, Belfort, 1999, page 23.
- Roland Oberlé, *La vie quotidienne des chevaliers alsaciens au Moyen Age*,

Strasbourg, 1991, particulièrement pages 129 et suivantes.
- Frédéric Piton, *Strasbourg illustré, ou panorama pittoresque, historique et statistique de Strasbourg et ses environs*, Strasbourg, 1855, page 342.
- Francis Rapp, *Le château fort dans la vie médiévale, le château fort et la politique territoriale*, Strasbourg, 1968.
- Ch.-L. Salch, "Les demeures des chevaliers au service de la seigneurie épiscopale", *Recherches archéologiques de la France de l'Est*, tome V, Strasbourg, 1976.
- Jean-Louis Stoltz, *Historisch-topographische Notizen über den Rebbau und die Weine des Elsasses*, Strasbourg, 1828.

Biographies
- Philippe Dollinger, "Liebenzeller", *Nouveau dictionnaire de biographie alsacienne*, Strasbourg 1988, volume III, page 2 362.
- Josef Fuchs, "Marx von Eckwersheim", *Neue Deutsche Biographie*, 16 (1990), pages 350-351, version online.
- "Geroldseck", *Nouveau dictionnaire de biographie alsacienne*, Strasbourg 1988, volume III, pages 1 170-1 171.
- Edouard Sitzmann, *Dictionnaire de biographie des hommes célèbres de l'Alsace*, Paris, 1973.
- L. Spach, "Heinrich von Vehringen", *Allgemeine Deutsche Biographie*, 11 (1880), S. 621-622, version online.
- Georges Weil, "Zorn", *Nouveau dictionnaire de biographie alsacienne*, Strasbourg 1988, volume III, pages 4 396 et suivantes.

Cartes
- Cadastres allemands de la fin du XIXe siècle. Oberhausbergen, Niederhausbergen, Mittelhausbergen, Wolfisheim. Breuschwickersheim. Mundolsheim. www.bnu.fr
- Carte de France au 50000e, IGN, type 1922, révisée 1933, Environs de Strasbourg.
- Carte topographique IGN 1:25 000, 3815 et 3816 ouest.
- Strassburg - Bühl - Ettenheim - Offenburg. Einheitsblatt Nr. 144. Carte au 100000e, 1936, Reichsamt für Landesaufnahme, Berlin.
- Géoportail : photos aériennes historiques. Oberhausbergen. Oberschaeffolsheim, Wolfisheim.

Ouvrages de fiction, de vulgarisation ou de polémique
- Louis Battifol, *Les anciennes Républiques alsaciennes*, Paris, 1918.
- Muriel Chacon, Georges Foessel, Roland Oberlé, Jacques Martin, *Strasbourg, des origines au XVIe siècle*, 2007.
- Charly Damm, *Niclaus Findel ou l'extraordinaire histoire de Strasbourg entre 1248 et 1349*, Editions Coprur, Strasbourg.
- Marie-Thérèse Fischer, Francis Keller, *Cette histoire qui a fait l'Alsace*, 4, Le temps des Staufen de 1125 à 1268, Editions du Signe, 2010, pages 40-42.
- Hansi (J.-J. Waltz), *L'histoire d'Alsace racontée aux petits enfants par l'oncle Hansi*, Paris 1916, pages 35-38.
- Guy Trendel, *Racontez-moi Strasbourg*, 2006, pages 365-370.

SOMMAIRE